D1745849

EMBLEMATISCHES CABINET

# Emblematisches Cabinet

Begründet von
Dimitrij Tschižewskij und Ernst Benz

Herausgegeben von
Wolfgang Harms und Michael Schilling

2004
Georg Olms Verlag
Hildesheim · Zürich · New York

Johann Weichard zu Valvasor

# Theatrum mortis humanae tripartitum

Das ist:
Schau-Bühne deß Menschlichen Todts
in drey Theil.

Mit schönen Kupffer-Stichen geziehrt
vnd an Tag gegeben

Mit einem Nachwort von
Hartmut Freytag

2004
Georg Olms Verlag
Hildesheim · Zürich · New York

Dem Nachdruck liegt das Exemplar der
Niedersächsischen Staats- und Universitätsbibliothek Göttingen
zugrunde.

Signatur: 8° ART PLAST III, 2150

**Bibliografische Information Der Deutschen Bibliothek**

Die Deutsche Bibliothek verzeichnet diese Publikation
in der Deutschen Nationalbibliografie; detaillierte bibliografische Daten
sind im Internet über *http://dnb.ddb.de* abrufbar.

**Bibliographic information published by Die Deutsche Bibliothek**

Die Deutsche Bibliothek lists this publication in the
Deutsche Nationalbibliografie; detailed bibliographic data
are available in the Internet at *http://dnb.ddb.de*.

∞ ISO 9706
Nachdruck der Ausgabe Salzburg 1682
Georg Olms Verlag AG, Hildesheim 2004
www.olms.de
Alle Rechte vorbehalten
Printed in Germany
Gedruckt auf säurefreiem und alterungsbeständigem Papier
Herstellung: Druckpartner Rübelmann, Hemsbach
ISBN 3-487-11761-4
ISSN 0175-9221

W. W. inuen W. excud. Jo: Koch del: And. Trost sculp: Wagenpurgi in Carniolia

# THEATRUM MORTIS HUMANÆ TRIPARTITUM.

I. Pars. Saltum Mortis.
II. Pars. Varia genera Mortis.
III. Pars. Pœnas Damnatorum continens.

## FIGURIS ÆNEIS ILLUSTRATUM.

Das ist:

# Schau-Bühne

Deß Menschlichen Todts in drey Theil

1. Theil Der Todten-Tantz.
2. Theil Underschidliche Todts-Gattungen.
3. Theil Der Verdambten Höllen-Peyn/ vorstellend.

Mit schönen Kupffer-Stichen gezieret und an Tag gegeben.

Durch
JOANNEM WEICHARDUM
VALVASOR. &c. &c.

*Cum Facultate Superiorum, & speciali Privilegio Sac. Cæs. Majest.*

(o)

Gedruckt zu Laybach/ und zu finden bey Johann Baptista Mayr/ in Saltzburg/ Anno 1682.

Vidi Theatri mortis humanæ Partes tres, nihil autem in ipsis, quod Fidei Orthodoxæ, aut bonis moribus adverſaretur: vnde illud imprimi poterit divulgandum, ſi ſic Venerabili Officio Epiſcopali viſum fuerit. Dabam Labaci 6. Aprilis. 1682.

Fr. ANTONIUS LAZARI,
Reg. Obſer. SS. Theologiæ
Lector Generalis, & Conſiſt.
Labacenſis.

AP-

## APPROBATIO.

CUm ex Speciali Venerabilis Officij Episcopalis Commissione Theatri mortis humanæ Partes tres, ab Illustrissimo Domino Ioanne Weichardo Libero Barone â Valvasor &c. &c. compositas, Adm. Reverend. Pater Fr. Antonius Lazari Ordinis Minorum Sancti Francisci deObservantia Sacrosanctæ Theolog. Lector relegerit, nihil in ijs, quod Catholicæ Fidei, aut bonis moribus adversetur, deprehenderit, quodque in lucem dari possint, probaverit: Ideò ut typis mandentur, authoritate ordinariâ hisce potestatem facimus, atque licentiam impertimur Labaci 7. Aprilis 1682.

FRANCISCUS JOSEPHUS
GARZAROLL à Garzarolshoffen SS. Theol. Doct. Vicarius
Generalis Labacensis.

Reverendissimo Perillustri ac Amplissimo
DOMINO DOMINO
## ALBERTO
Ordinis S. Benedicti Celeberrimi Mona-
sterii ad S. PAULUM in Carinthia Vallis
Lavatinæ
## ABBATI
Vigilantissimo Archidiacono ad S. LAURENTIUM in
Eremo & Möchling, Sacræ Cæsareæ Majestatis nec non
Celsissimorum Principnm Archi-Episcopi Saliburgensis &
Episcopi Bambergensis
## CONSILIARIO,
Provinciæ Carinthiacæ Majoris Consilij
## DEPUTATO
Congregationis Benedictino-Salisburgensis
ASSISTENTI MERITISSIMO
*Domino Domino meo Gratiosissimo.*

Tiam in *Morte* ad obsequia, & honores tuos tuus esse cupio *Præsul Reverendissime* &c. Huius *Theatrum* tragicis undique scenis, atque actibus angustiatum hactenus, ad spem Patrocinij tui in plaufus & iubilos folvitur. Benedictus eorum Parens es, qui prodigiofum, ac gloriofum Doctoris Gentium *Pauli* æmulati charifma, vivunt mortui, & moriuntur vivi, dum fibi, & mundo erepti fæliciffimo fatô Vitam Domini, animámque induunt, *Arbori Vitæ Crucifixi Salvatoris* J*Efu complantati*. Has cunas, & farcophagos fuafura filijs fæculi *Mors*, orcheftram hanc inftruxit; in qua dum fuimet ipforum ( miferandorum profectô Tragædorum) Spectatores exiftunt; ora flectibus, corda fingultibus, tuhfionibus pectora, animam faltari dolore replentes, in fe & ad Deum revertantur, nè æternùm totô cælô aberrent. *Tuô* igitur Patrociniô *Theatrum* hoc *Mortis* inftructum, atque firmatum parens evadet fæcundiffima Propheticorũ illorum theatrorum, vbi in campis & pratis inter rofas & fæni flores extinctæ animæ afflante *Domini Spiritu* revivifcant, fuam hanc Anaftafim beatiffimam in acceptis *Tibi* referentes, verè *Patri multarum gentium*. Ita opto, fpero, & fupplico

Reverendiffimæ Dominationis
Tuæ

Wagenfpergi in Carniolia
24. Aprilis 1682.

*Obfequentiffimus*

Joannes Weichardus
Valvafor.

## An den Leser.

Eliebte günstige Leser dises geringe Wercklein thut zwar kein Weltliche Ergötzlichkeit / noch Annemblichkeit begreiffen: indem nichts anders darinnen sich befindet / als aller Erdwohner letzter Feind der dürrgerippte Sensenmann: welcher seinen Vrsprung (seyt dem von vnseren Ertz-Eltern in dem Jrrdischen Paradeyß: die beede Säulen Menschlicher Glücks-Vollkommenheit / die Seeligkeit vnd Vntödtligkeit / durch den sündlichen Hoffarts-Traum verschertzet worden) genommen allen Menschen zu einer allgemeiner Müheseligkeit / drumb sagt der H. Joh. Apoc. cap. 8. Væ, væ, væ habitantibus in terra.

O Pfeilen geschwinder Todt so wol bey den von Gott erschaffnen als auch bey allen gebornen / du bist gleich einem Dieb zum Fenster eingesprungen / keine Königliche Crone / wie sehr sie gläntzet / verblendet dir die Augen / keine Helden-Stärcke bindet dir die Hände / keine Kunst widerleget deine Halsstärrigkeit / keine Beredsambkeit bieget deine Vnbarmhertzigkeit / sondern wir alle einmal Lebende müssen die allgemeine Schuld der Natur bezahlen. O mors quàm amara est memoria tua homini. Eccles. cap. 41. O Todt wie bitter ist dein Gedächtnus einem Menschen. Wann ich also erwege / wie der Lauff der Zeit / nicht allein alles ver-

A än-

ändert / sondern auch gar mit hinweg nimbt / so kan ich diſes rund der Welt / ſambt dem Menſchlichen Leben / in ſeiner Beſchaffenheit gar füglich mit einer Schaubühne oder Theatro, (zwar nur einen Schatten eines ſolchen Theatri habe dir ſterblicher Leſer für die Augen ſtellen wollen / auff welchen du gewiß wirſt auch eine Perſon agiren / vnd ich ſelbſten eine vertretten werde: recht vnd wol ſagt der alte Poët.

Turpe mori non eſt, modò demoriaris honeſtè :
   Non eſt turpe mori, ſed male, turpe, mori:

Vergkeichen / in vnd auff welchem vil vnderſchidliche Täntz / Comædien vnd Tragædien geſpillt werden. Als im erſten Theil diſes Theatri mortis humanæ : der Todentantz genannt / werden vor deine Augen vnangenemme Täglich ſpringende Täntz aller Erden-Kinder vorgeſtellet. cuncta in quibus ſpiraculum vitæ eſt, mortua ſunt. Gen. cap. 7.

Im andern Theil diſes Theatri mortis humanæ : vnderſchidliche Gattungen deß Todts genannt / wirſt mit Verwunderung eine wunderliche doch täglich übende Comædi aller ſterblichen Menſchen ſehen. Neſcit homo finem ſuum Eccl. cap. 9. auch weiß der Menſch ſein Ende nit.

Im dritten Theil diſes Theatri mortis humanæ : Höllen-Peyn genannt / wirſt mit weinenden Augen eine Schwefel-dampffende Tragædi aller von GOtt veriagten vnwirdigen Menſchen ſehen. Injuſti autem diſperibunt ſimul. Pſal. 36. Die vngerechten aber werden vertilget mit einander.

O Elender Mensch absonderlich mehr als Ellend wegen deines Lebens / welches sich so grosser Beständigkeit zu rühmen hat / wie eine Saiffen-Blatter: schaue den Lufft an / dort ist der Nebel / so bald halt / bald fallt / ein Contrafet deines Lebens: schaue das Wasser an / dort seynd die Blasen / welche bald stehen / bald vergehen / ein Ebenbild deines Lebens: schaue das Feuer an; dort ist der auffsteigende Rauch / welcher bald satt / bald matt / ein Copey deines Lebens: schaue die Erden an / dort ist die Rosen / welche bald roth / bald todt / ein Abriß deines Lebens.

Sterben ist dir gewiß / frag unsere erste Eltern von GOtt selbst erschaffene Adam und Eva: frag den erstlich verraisten Abel / welcher uns allen den Weeg der Sterblichkeit gewisen: frag den alten Mathusalem: frag den schönen Absalon: frag den stärckisten Samson. Ist also von allen disen wie auch von allen andern Adams-Kindern nichts anderst in disem Jammerthall übergeblieben als ein FUIT.

## AD LIBRUM

*Illustrissimi Domini Domini Joannis Weichardi Valvasor, Liberi Baronis, Inclyti Ducatus Carnioliæ, partis inferioris Peditum Capitanei, &c. &c.*

Forsan, & abs dubio, non gratus habebere multis,
    Pro saltante struens Morte theatra, liber.
Demonstrans variumq; genus, quod cogit ad umbras:
    Et quòd pro culpa crux sua quemque manet.
Cùm jam rara nimis certæ fit mentio mortis:
    Rara inter juvenes, rara profectò senes.
Rarò quis varios cassus considerat: omnis
    Quos, dum vitaret, plùs reperire studet.
Et quis de poenis damnari cogitat orci?
    Fabula cum poenis creditur ille suis.
Quæ tamen ad vitam natum quemcunque sequuntur:
    Hora sed incerta est, post quoque fata locus.
Hoc tuus agnovit scrutatus sæpiùs author:
    Et se mortalem præsciit esse virum
Præsciit in mundo nihil vnâ certius esse
    Morte: ea nam genito certa cuique venit.
Incertum tamen est qualis, quandoque futura est:
    Hoc timet adque illam se vigilando parat.
Diversas credit pariter pro crimine pænas,
    Post sua mortales in styge fata pati.
Hasce timere docet, docet evitareque pœnas:
    Vitato à pænis crimine liber eris.
Nam bene viventes manet ut post gloria mortem:
    Sic malè viventes poenaque cruxque manet.

Nil ergò timeas odium, nil torva malorum
    Lumina, nil timeas aspera verba liber:
Complacere bonis modò possis: spero placebis:
    Verita dum placeat, tu quia vera doces·
Sic semel (id posses exempli dicere causa)
Est hominem versus Mors mihi visa loqui.

*PAULUS RITTER,* Nobilis
Segniensis.

```
H Orribil     terr      duriss        spicu      Mort
         is        ent         ima          la         is.
M ilit        pend      int           faec       me
O bii         quamv     quaev         munim      vin
         cio       is          is           ina        cor.
O ffi :       fort      ( sc     )    Libit      vo
M aestit      gener ,   tristes       cruen      dolor
         iam       as          que          ta         es.
O Respic      null      per           miser      prec
R omn         sumpt  ,  ced           sphae      di
         ia        urae        it tibi      ra         ei.
S obr         vent      s             cu         m
```

qVæLIbet aD saLtVs VenIVnt VItaLIa MortIs.
  saLtabIs genItVs se DVCe qVIsqVIs hVMI.

*Dialogus inter Hominem, & Mortem.*
### HOMO.

Aud homine excellens, magis ( alta, vel ima pererras )
 Omnipotens mundi, condidit Auctor opus:
Mente Deo trino simul assimulatur, & uni,
 Opificem referens, vivida imago suum.

### MORS.

Ate homo, sat grandi primum decoratus honore,
 Omnibus in mundo, nobilitate prior:
Regis at ausus ubi es transcurrere jussa supremi:
 Sustulit ingenitum, pœna secuta decus.

### HOMO.

Æc mihi mens gemina est, quâ cætera condita toto
 Orbe excello, vitra ac astra, polosque feror:
Mente quod haud sensu possum, rerum intima scrutor,
 Obtingit summum nosse, fruíque bonum.

### MORS.

Ens tota gemma quidem, quâ non pretiosior ulla,
 Obtenebrata tamen, per scelus illa tuum est,
Repit humi, & mille est subjecta erroribus: imis
 Summa licet noscat, sueta inhiare bonis.

### HOMO.

Oc grande imperium partimur egoque Deusque
 Omnipotens cæli est Rector, & orbis ego.
Mortis, & ille, & ego, quis sit nescivimus horror:
 Omnia quæ possent lædere pulsa procul.

### MORS.

Axima sors equidem, tibi terque quaterque beato,
 Olim erat, at nunc es, terque quatèrque miser,
Regnandi illa ruit, culpa expolcente potestas;
 Subjectus morti es, totque onerare malis.

HO-

## HOMO.

**H**I mihi circumeunt Cæli, hæc mihi sydera lucent,
  Omnia ad obsequium sunt elementa meum:
**M**i quoque perpetuos, alternant tempora tursus,
  Obstricta imperio cuncta animata meo.

## MORS.

**M**Ortem ubi peccasti, tibi cæli, ac astra minantur,
  Omnia ad interitum sunt elementa tuum:
**R**odunt assiduò redeuntia tempora vitam,
  Sunt animata etiam cuncta timenda tibi.

## HOMO.

**H**Eu scelus admissum! quam sum miser ante beatus!
  Obruor innumeris exul ubique malis:
**M**e mala, quod pejus, tot postquam auxêre: superstat,
  O dolor extremus! mors subeunda mihi.

## MORS.

**M**Ors igitur regnat, mors pallida ubique triumphat,
  Orbi invecta tuâ culpâ, ubi Adame fuit.
**R**egibus & plebi, mors imperat, omnia sternit,
  Subijcit imperio, sceptra, & atra suo.

## HOMO.

**H**Inc lachrimæ, hinc gemitus, infinitique dolores,
  Obruit hinc homines, mortis ubique pavor.
**M**ixta hinc assiduo, sunt omnia gaudia luctu,
  Omnibus hæc cum sit lex: aliquando mori.

## MORS.

**M**Agna triumphales ergo conscendere currus
  Orbe vehi victrix, mors modo jure queo:
**R**eddite plectra sonum: mortales cedite palmam;
  Saltus inque meos, accelerate pedes.

Gespräch zwischen dem Menschen vnd Todt.
### Mensch
Er als betracht / was Gottes Macht /
Hat aussers Himmels bauet?
Den Menschen / der sonst nichts so sehr
Fürs edlest Werck beschauet:
Dann der allein den drey / vnd ein /
GOtt in der Seel verstöllet /
Ist das er steth ein Contrafet /
Seins Schöpffers sey erwöhlet.
### Todt
Wolan ist wahr / anfänglich zwar /
Mit grosser Ehr geziehret /
Vor allem was / die Welt besatz /
Du Mensch das Præ geführet:
Als das Gebott / du deines GOtt /
Bald aber überschritten /
Hat mit dem Fahl / auch dazumahl /
Dein Hochzeit Schiffbruch glitten.
### Mensch.
Mit dem Verstand / der mein Diemand /
Ich alles über wöge:
Ans G'stürn hoch: vnd weitter noch /
Mich auff zuschwingen pflege:
Wo alle Sinn / nicht reichen hin /
Ich mit Verstand gelange:
Das höchste Guet / in dem man rueht /
Verstehe / vnd vmbfange.

Todt

### Todt.

Ob dein Verstand / zwar ein Diemant /
  Kein Kleinod sey zuvergleichen /
Ist durch dein Sünd / doch worden blind /
  Kan nichts als von GOtt weichen:
Nun gantz verkert / kriecht auff der Erdt /
  In tausent Sachen jrret:
Das ewig Gut / zwar kennen thut /
  Dem eytlen doch nachstürret.

### Mensch.

Das gröste Reich / GOtt theilet gleich /
  Ihm vnd mir zuverwalten:
Himmel vor sich / die Erd für mich /
  Zu b'herschen vorbehalte:
Deß Todtes Noth / ich gleich wie GOtt /
  Gantz ware vngewohnet:
Was Schmertzen bracht / was Leyden macht /
  Von vns weit war verbannet.

### Todt.

Ein Glück das gröst / dein Stand der best /
  Vorhero zwar gewesen /
Jetzt aber bist der elendest /
  Von dem man je gelesen:
Dein Regiment / ist gantz behend /
  Gleich nach der Sünd gefallen /
Deß Todtes Last / auffgladen hast /
  Sambt andren Vbeln allen.

B  Mensch.

## Mensch.

**D**As G'stürn scheindt / die Himmel seynd
Mir stetts in Lauff beweget:
Jedts Element sein Pflicht erkennt /
Zu meinem Nutz sich reget /
Mir auch zumal / die Zeiten all /
Den gewohntem Lauff fortstreben /
Ja was nur lebt / sich regt / vnd schwebt /
Ist meinem Dienst ergeben.

## Todt.

**D**Je Himmel all / das G'stürn z'mahl /
Dein Vntergang jetzt kochen:
Weil du dein Pflicht / GOtt glaistet nicht /
Wollen sies haben grochen:
Das Zeit-Rath / steth / herumber geht /
Dein Leben abzuspünnen:
Alles was lebt / dir wider strebt /
Muest fürchten dich vor ihnen.

## Mensch.

**A**Ch Sünden Güfft / was hab ich g'stüfft /
Was leidt ich draus für Schaden:
Mein Glück ist hin / darfür ich bin /
Mit tausent Ellend bladen /
Vnd was das gröst / wann ich zu lest /
Hab tausent Jammer tragen /
Kombt erst der Todt ( erbarm es GOtt )
Vnd reibt mir vmb den Kragen.

## Todt.

### Todt.

Wohlan nun Welt / der Todt hats Feld /
Der Todt schertzt / triumphieret:
Weil Adam hat durch Missethat /
Den Todt in d' Welt geführet.
König / vnd Knecht / vebt er sein Recht /
Der Todt als zwingt / vnd fället /
Scepter vnd Pflueg / nach allem Fueg /
Er in dem Grab z'samb g'sellet.

### Mensch.

Iß bringt dann Quall / diß Zäher-Schwall /
Diß vnendtlichen Schmertzen:
Drumb fruh / vnd spatt / die Forcht deß Todt /
Betrangt der Menschen Hertzen:
Drumb alle Freud / vermischt mit Leyd /
Weils Gsatz den Bstand erworben /
GOtt hats gesetzt / bleibt vnverletzt /
Sein muß es einmal gstorben.

### Todt.

So kan ich dann / den Siges-Thron /
Mit guetem Fueg besteigen;
Vnd mich fürhin / ein Herrscherin /
Deß Menschen Gschlechts erzeigen:
Nun Music-Schall / ihr Menschen all /
Den Palmb-Zweig mir pflichtet /
Vnd hurtig gantz / zu meinem Dantz /
Jetzt ewre Füß nur richtet.

## CREATIO MUNDI, ET ADAMI, &c.

Omnia quando Deus perfecta creaverat: unum
Omnia qui regeret dein creata, creat.
Divinæ factus verissima mentis imago
Authorem referens ore, animoque suum.
Huic concessa dein thalami fidissima consors,
Quam Deus ex uno condidit osse viri.
Ut Paradysiacis, statuit, dominentur in hortis,
Arboris at mediæ sumere poma vetans.

## Erschaffung der Welt / vnd deß Menschen.

Als der Schöpffer aller Dingen
GOtt / die Welt erschaffen hat.
Wolte er auch Adam bringen /
Zu dem Liecht / vnd Lebens-Grad:
Den der Himmel hat gebohren
Nach der Gstalt / vnd Gottes-Bild.
Hatte auch zu Dienst erkohren /
GOtt das Viech / vnd alles Wild:
Da der Höchste wolt erfreuen /
Vnd beglücken Adams Leib /
Ihm begundte zu verneuern /
Auß seim Leib ein aignes Weib:
Dise Liebs/ vnd Lebens-Gnossen /
Stellte GOtt ins Paradeys;
Doch hat Er also beschlossen /
Kostet nicht von Apffel Speyß.

For-

# Todten-Dantz.

Formavit Dominus Deus hominem de limo terræ, ad
imaginem suam creavit illum, masculum, &
fæminam creavit eos. Genes. cap. 2.

Und GOtt der HErr hat gemacht den Menschen auß Leymen der Erden / und hat eingeschaffen in sein Angesicht
einen lebendigen Geist. Genes. cap. 2.

## PECCATUM.

Eva colubrinis nimium ( proh ) credula dictis
    Fatali fructus arbore prima capit.
Gustat, & inde suo libandos præbet Adamo:
Non jam præcepti libat & ille memor:
Quid facis infelix? spernis modò jussa Tonantis,
Vt verbis præstò coniugis esse queas?
Te perimit coniunx: & quod mala cætera vincit:
Hæredes mortis, teque, tuosque facis.

### Die Sünd.

Als die Eva kaum gehört /
    Glaubte sie der Schlangen Wort /
Bricht die Frucht von ihr bethöret /
Issets ohn Bedencken fort /
    War auch folgendts so vermessen /
Raichts dem Mann zu kösten dar /
Welcher dann vom Baum auch gessen /
    So von GOtt verbotten war /
Laider ach! zu tausentmahlen /
    Was hast Adam doch gethan /
Daß du nur deim Weibe g'fallen /
    Setzest GOttes G'satz hindann /
Dein Weib bracht dich ins Verderben /
    Vnd in als was übel haufft /
Du mit dir all deine Erben /
    Hast zugleich den Todt verkaufft.

## Todten-Dantz. 15

Et tulit de fructu illius, & comêdit: deditque viro suo,
qui comêdit. Genes. cap. 3.

Vnd brach die Frucht ab / vnd aß / vnd gab ihrem Mann
auch davon / vnd er aß. Genes. cap. 3.

ADAM.

## SALTUS MORTIS.

*Adam, & Eva expelluntur.*
### ADAM.
**H**Eu Paradyſiaçis pellor miſer exul ab hortis!
  Me labor, & ſudor, morsque ſuprema manet.
### EVA.
**H**Occe voluptatum complex ego pulſa theatro,
  Hinc pariam natos paſſa dolore meos.
### MORS.
**E**Xite Elyſiis meriti proturbier hortis:
  Quid labor, & ſudor, diſcite, quidque dolor.
Morsque ego quod ſemper vobis ſim proxima, ſcite:
  Quæ miſeros vitæ finio ſola dies.

### Adam.
**W**Eil ich gſündigt muß ich meyden /
  Den Orth aller Luſtbarkeit /
Nunmehr Angſt vnd Noth erleyden /
  Mit dem Todt all Traurigkeit.

### Eva.
**A**Ch mir Mutter aller Sünder /
  Jetzt gebehr ich in der Noth /
Höchſtes Vnglück! meine Kinder /
  Bring ſie mit mir in den Todt.

### Todt.
**W**Eill die Sünde euch verdammen
  Auß dem Luſt / vnd Freuden Orth /
Solt ihr leyden ſtehts beyſamen
  Alle Schmertz / vnd traurens Sort /
Vnd ich will ewr Lebens-Zeiten /
  Miſchen nur mit Quall / vnd Peyn /
Will euch auch ſo lang begleiten /
  Biß ihr mir zu Thail werd ſeyn.

*Emiſit*

## Todten-Dantz. 17

Emisit eum Dominus DEUS de paradiso volupta-
tis. *Gen. Cap. 3.*

Vnd ließ ihn GOtt der HErr auß dem Paradeiß deß Wol-
lusts. *Gen. Cap. 3.*

C               ADAM.

## ADAM.

TEmpore cum præsens, ò Mors, mihi quolibet adsis:
 Cur non me duro, juncta labore levas?
Fingeris hic terram socio versare ligone:
 Præsente vt trepident, te mea membra magis.

## MORS.

SCis? fodio terram socio Mors juncta ligone:
 Ex qua tu primùm, conditus esse trahis.
An quid vt adijciam vitæ? demamvé labori?
 Non: facio fossam, quâ, tumulandus eris.

### Adam.

TOdt / du thuest dich fleissig stöllen /
 Zu der Arbeith mit Begier /
Gibst mir ab ein guten G'sellen /
 In dem graben hülffest mir:
Dises dannoch mich erschröcket /
 Kombst mir vor kein stetter Freundt /
Dein G'stallt in mir Forcht erwecket /
 Fort mit dir / O Lebens Feindt.

### Todt.

KAn mich zwar zur Erden beugen /
 Will dir auch zu Dienste seyn /
Doch die Hülff die ich erzeugen
 Thue / hat weit ein andren Schein:
Weil mein Graben / mein Bemühen /
 Nur nachtrachtet einer Klufft /
Der kein Mensch nicht kan entfliehen /
 Adam die soll seyn dein Krufft.

Male-

## Todten-Dantz. 19

Maledicta terra in opere tuo : in laboribus comedes ex ea cunctis diebus vitæ tuæ, spinas & tribulos germinabit tibi, & comedes herbas terræ. *Gen. cap.* 3.

Verflucht sey die Erd in deiner Arbeit: mit vieler Arbeit solst du dich darauff ernöhren dein Lebenlang: Dorn vnd Disteln wird sie dir tragen/ vnd wirst die Kräuter auff dem Feld essen. *Gen. cap.* 3.

C 2          PA-

### PAPA.

Quid tibi cum Papa? triplicem mors anné coronam?
 Non claves? triplicem non reverêre crucem?
Fulmine sub sacro cautum est, vi invadere Papam:
 Cauta sacro potius, basia fige pedi.

### MORS.

Fulmina sacra nihil, clavesvè, crucesvè, thronumvè
 Curo ego: nullius basia libo pedi.
Christi hucusque vices vixisti: mortuus ille est.
 Illius ergò etiam, morte subito vices.

### Pabst.

Sichst du nicht drey Cron von fehren /
 Was hast mit dem Pabsten Streitts /
Wirst doch auch müssen verehren /
 Meine Schlüßl / vnd drey Creutz:
Der will d' Hand an Pabsten legen /
 Stracks in Panne fallen mueß /
Ich rath / thue wie andre pflegen/
 Geh / vnd küß mir meinen Fueß:

### Todt.

Ich kein Creutz / kein Schlüßl achte /
 Weder Crone / Pann / noch Bueß /
Keinem Ablaß nie nachtrachte /
 Frage nichts vmb deinen Fueß:
Christus hat sich mir ergeben /
 Du vertrittest seine stadt /
Wie du g'than hast in dem Leben /
 Also thue nun auch im Todt.

Moria-

Moriatur Sacerdos magnus, *Joſue*
Cap. 20.

Das der Hohe Prieſter ſterb. *Joſua*
cap. 20.

MORS.

## MORS.

Exue purpureum sacrate senator amictum :
   Implicat in saltu, nam toga longa pedes.
Palles? mortalis sic cardo vertitur omnis:
   Sic rosei in cineres purpura floris obit.

## CARDINALIS.

AD tua purpurei pallent mors tela galeri:
   Summus, & huc verti cardo pavore tremit.
Quid juvat ad summas, per tot molimina sedes
   Eniti, in cineres si redit omnis honor?

### Todt.

Einen Purpur solst ablegen /
   Hocherhöbter Kirchen-Rath /
Geh nun meinem Dantz entgegen /
   Weiche nur von deiner Statt:
Jetzt dein Purpur mueß erbleichen /
   Fürchtest dich? hilfft nichts darfür:
Dann es mueß in Aschen weichen /
   Auch der Rosen Frühlings Zier.

### Cardinal.

Ayder ach! es will erbleichen /
   In den Todt mein Purpur-Huet /
Will auch auß dem Angl weichen /
   Alles Glück / vnd grosser Mueth:
Mein was hilfft es sich lang quällen /
   Nach dem hohen Sitz so sehr /
Wann der Todt ins Grab kan föllen/
   Wann er will / all Glantz vnd Ehr.

## Todten-Dantz. 23

Obedivi voci Domini DEI mei. *Deutero.*
cap. 26.

Ich bin der Stimm deß HErrn meines GOttes ge-
horsamb gewesen. *Deutero.* Cap. 26.

### MORS.

## MORS.

Pone crucem, mytram, Pastor pluviale, pedumque,
　Et quæ plura sacri, signa decoris habes:
Pone, gravant isthæc saltantes: Nempè supremum
　Ad mortis saltum, vos decet esse leves.

## EPISCOPUS.

ET lupa, & vrsus oves rapiunt. Ah pejor vtrisque
　Me modò Pastorem, mors inopina rapis!
Quique tuebar oves, nequeo nunc me ipse tueri:
　Quid baculus, quo abigi mors truculenta nequit?

### Todt.

Als der Himmel Gnaden gabe/
　Dir vor andern hat beschert/
Infel/ Mantl/ Creutz/ vnd Stabe/
　So dein Hand/ vnd Haubt beehrt/
Solst zum Dantz jetzt nider legen/
　Dann verhindren solche Ding/
So zum springen vngelegen/
　G'schwind sey fertig/ vnd gering.

### Bischoff.

Ob der Wolff/ vnd Beer zu Zeiten/
　Reist ein Schäfflein fort zum G'win/
Doch fast über alles Leyden/
　Reist der Todt den Hirten hin/
Ich kan mich jetzt selbst nicht schutzen/
　Der vor andre g'schützet hab/
Dann ich kan den Todt nicht trutzen/
　Was hülfft mein verguldter Stab.

　　　　　　　　　　　　Et

# Todten-Dantz.

### 25

Et Episcopatum ejus accipiat alter.
*Psalm.* 108.

**Vnd sein Bistumb muß einander empfahen.**
*Psalm.* 108.

D          MORS.

## MORS.

ABba novas mecum libeat, celebrare choreas:
  Promptè alius veſtrum, prendet honoris onus.
Non libet, aut calles? hoc diſci ſemper oportet:
  Omnia, ſi neſcis, me didiciſſe juvat.

## ABBAS.

IAm minimè ire vacat: tractanda negotia reſtant,
  Quæ capit haud alius, jam minimè ire vacat:
Prendas ante meos, aliàs præpoſterus ordo eſt:
  Abbas poſt Monachos, vltimus ire ſolet.

### Todt.

Nun Herr Abt iſts nur an deme/
  Daß ihr mit mir dantzet forth/
Daß ein anderer annehme/
  Ewr gehabtes Ehren-Orth:
Stehts ſoll man meim Dantz nachſinnen/
  Wiſt ihr ſolchen annoch nicht/
Nichts hülfft andre Künſte künnen/
  Bey dem diſe Kunſt gebrücht.

### Abt.

Ir ſeyn noch vill G'ſchäfft zu ſchlichten/
  Jetzt hab ich doch gar kein Zeit/
Zeit/ vnd Weil hab ich mit nichten/
  Todt ein wenig länger beut:
Schau, die Ordnung nicht verwende/
  Fang vor an den Brüdern an/
Dann der Abt erſt folgt am Ende/
  Alle Münich gehn voran.

Sum

Sum quidem & ego mortalis homo similis omnibus.
Sap. cap. 7.

Ich bin auch ein tödtlicher Mensch gleich wie alle andere. Sap. cap. 7.

MORS.

## MORS.

Linque chorum, & reditus, rapiant collecta nepotes,
Mecum ad non solitum, perge chorista chorum:
Ipse venito: locum jam nemo Vicarius explet:
Quilibet huic per se, debet adesse choro.

## CANONICUS.

Heu quàm dura venis modò nuntia! quæso choreas,
Hac vice tundaxat, me sine lude tuas.
Quid pinguis præbenda inuat, tot adepta per artes?
Si præbenda tibi, tam citò vita mea est.

### Todt.

Chor-Herr jetzt mit mir must eyllen /
Kommen an ein andre Rey /
D'Freund dein Gut nun werden theilen /
Wirst vom Chor / vnd Pfründten frey /
Ich will dich Persöhnlich nehmen /
Keinen andren an dein statt;
Thue dich bald darzu bequehmen /
Jeder selbst zu kommen hat.

### Chor-Herr.

Ich bitt / reck auff meine Hände /
Ach wie ein betrübter Bott /
Deinen Dantz ohn mich vollende /
Nur für dises mal O Todt /
Was durch so vil Kunst erwerben /
Faiste Pfründten hülfft / vnd nutzt;
Wann man sich so bald dem Sterben /
Geben mueß von Todt gedrutzt.

Facies

# Todten-Dantz. 29

Facies Sacerdotum non erubuerunt, neque senum miserti sunt. *Jeremiæ cap. 4.*

Man hat auch der Priester kein achtung / vnd der Alten erbarmet man sich nicht. *Jerem. cap. 4.*

D 3 MORS.

## MORS.

**R**Eris ad obsequium me luce, sonoque preire?
    Ad tumulum preeo Mors tibi Mysta tuum:
Jam toties aliis epulum vitale tulisti,
    Mox epulum temet vermibus ipse feres.

## PAROCHUS.

**M**E cruce signo: fugat crux mille, vel vna Diablos,
    Pellere te poterunt Mors neque mille cruces?
Ah rogo, differ adhuc, nec collectura peracta est:
    Et mediæ decimæ, vix cojêre mihi.

## Todt.

**M**Einst du daß ich leicht / vnd leite /
    Dir voran auß Hößlichkeit /
Nein / die Ban zum Todt bereite /
    Vnd zeig solches an bey Zeit:
Ob du zwar die Speiß deß Leben /
    Andren offt hast g'reichet dar /
Muest dich doch den Würmen geben /
    Selbst zur Speiß mit Haut vnd Har.

## Pfarrer.

**E**In Creutz tausent Teuffel jaget /
    Ich dergleichen mach vor dir /
Jetzt ein tausentfachs versaget /
    Seine Krafft am Todte / mir /
Halt zu ruck / O Todt ich bitte:
    Dann ich noch kein Samblung g'macht;
Ja noch gar kaum auff die Mitte /
    Ist der Zehent eingebracht.

                                   Ecce

## Todten-Dantz.　31

Ecce appropinquat hora. *Matth.*
*cap.* 26.

Sihe / die Stund ist herbey kommen. *Matth.*
*cap.* 26.

MORS.

## MORS.

**F**Acta probant, non verba virum; nempè optima quæque,
Non est virtutis dicere, sed facere:
Sat benè præco sacer dixti: vixisse probabis,
( Nunc opus hacce proba est ) si moriáre benè.

## CONCIONATOR.

**H**Ic labor hic opus est, facilis benè dicere res est:
Sed benè, quod rarum, vivere plura petit.
Da spacium, æquabo verbis mea facta: quis error?
Ducere ad æthra alios, memet adire stygem?

## Prediger.

Er vom Himmel lebt entzündet /
Durch das helle Gnaden Liecht /
So auß Andacht ist gegründet /
Hat den Todt zu förchten nicht:
Weil ein tugendhafftes Leben /
Mit der Lehre GOttes hier /
Sich dem Todt nicht wird ergeben /
Tugend lebe für vnd für.

## Todt.

Eil du durch dein Wörter-Prangen /
Mich hast vor der Welt veracht /
So entferbe deine Wangen /
Dämpffe nun der Zungen Macht /
Dich durch meinen Pfeil zu legen /
Brenne ich vor Zorens-Hitz /
Meine Hände sich bewegen /
Dich zu tödten durch den Spitz.

Per-

# Todten-Dantz. 33

Percutiam pastorem, & dispergentur oves gregis.
Matth. cap. 26.

Ich werd schlagen den Hirten / vnd die Schaff der Herden werden sich zerstreuen. Matth. cap. 26.

E           MORS.

## MORS.

ASsiduum Monachi studium est meditatio mortis,
   Semper ad articulum, seque parare mecum:
Cur fugis ergò? mihi nec dum te fortè parasti?
   Quo tibi claustrales, ergò abiêre dies?

## MONACHUS.

NOn timeo mortem, timeo quæ deinde seqvuntur:
   Qui magis hæc versant, hi magis illa timent.
Alea quàm dubia est, mori! ad hoc me quippe paravi
   Semper, at ignoro, num satis; hinc fugio.

## Todt.

Eines Münichs Sorg / vnd Sachen /
   Seyn / gedencken auff den Todt /
Wie er sich kan g'fasset machen /
   So es kombt zum Fahl der Noth /
Du vermainst durch Flucht zu leben /
   Bist villeicht noch nicht bereit /
Komb heut Rechenschafft zu geben /
   Von der langen Kloster-Zeit.

## Münich.

Ich der Todt nicht soll erheben /
   Noch vilmehr was folgt hernach /
Niemahl ohne Forcht kan leben /
   Der da offt bedenckt die Sach:
Weil so g'fährlich deine Stunden /
   Hab mich b'raitet für vnd für /
Jedoch noch kein Weeg gefunden /
   O Todt zu entfliehen dir.

Nec miserebor. *Ezech. cap.* 7.

Vnd ich wil auch dein nicht verschonen.
*Ezech. cap.* 7.

MORS.

## MORS.

Virgo pudica veni mecum, clauſtrumque relinquas:
    Extremum ad ſaltum, Virgo pudica veni:
Non datur vlteriùs, ſacros habitare receſſus:
    Jam ſatis eſt precibus, ſat lacrymiſque datum.

## ABBATISSA.

Clauſtro ego victuram vovi me ſemper in iſto:
    Mundo dando (quaſi mortua facta) vale.
Dimittas Chriſti, turpis tentatio, ſponſam:
    Hic pia nam Sponſo, ſervio ſponſa meo.

## Abtiſſin.

Jm Gebett hier vnverdroſſen /
    Diene GOTT in aller ſtill /
Zwiſchen Mauren eingeſchloſſen /
    Ich noch länger betten will:
G'ſtatte mir allhier zu loben /
    Dem ich meine Seel vertraut /
Dann deß Höchſtens hie vnd oben /
    Bin ich ein verlobte Braut.

## Todt.

Deine Sünd haſt gnug beweinet /
    Lang auff GOttes Gnad gebaut /
Jetzt der Bräutigamb vermeinet /
    Dich zu nehmen ſeine Braut:
Selbſten ſolſt du ihn begrüſſen /
    Gehen über Todtes Steeg /
Dann kein Mittel zu verſüſſen /
    Diſen überſauren Weeg.

Todten-Dantz. 37

Laudavi magis mortuos, quam viventes.
*Eccle. cap. 4.*

Da lobt ich die Todten die schon gestorben waren / mehr
dann die Lebendigen. *Eccle. cap. 4.*

E 3 MORS.

## SALTUS MORTIS.

### MORS.

FLecte oculos ad me Virgo, ante altaria flectens:
    Æterno fundens vota, precesque DEO:
Ut candela suo hæc privatur lumine: vita
    Sic extinguetur, luminis orba, tua.

### MONIALIS.

HEi mihi quis subitò sacras obnubilat aras?
    Cur candela sua, tam citò luce caret?
Debuit accensum priùs haud extinguere lumen,
    Quàm persolvissem debita vota DEO.

### Todt.

Keusche die du hast erhoben /
    Deines Hertzens Eyffer Licht /
Umb den höchsten GOTT zu loben /
    Wend zu mir dein Angesicht /
Schau der Kertze Flamb vergehet /
    Liechter Glantz im trüben Rauch /
Nichts auff Erden ewig b'stehet /
    Fromme solst heut sterben auch.

### Klosterfrau.

Wer ist der vor Augen schwebet /
    Den mein Hertz nicht will noch kent /
Wer ist da ders Liecht entlebet /
    So zur Ehre GOttes brent /
In mir Forcht / vnd Angst erwecken /
    Ist dir Todt ein schlechter Ruhm /
Jungfrau Hertz ist bald zu schröcken /
    Stilst deß Lebens Aigenthum.

Anima

Anima mea desideravit te in nocte.
*Isaiæ cap.* 26.

Mein Seel hat dein zu Nacht begehrt.
*Isaiæ cap.* 26.

IMPE-

## IMPERATOR.

Imposita quis nos audet spoliasse corona?
Inque caput rigidas inseruisse manus.
Si sapit is, nostra jam protinus exulet aula:
Nil in me quisquam, quo dominetur habet.

## MORS.

Omnia Mors sternit diademata, sceptra, coronas,
    Et Regum fasces, Cæsareumque caput:
Nil solium prodest, nil celsa palatia prosunt:
    Confidas minimè, viribus ergò tuis.

### Käyser.

Wer ist seiner so vergessen /
    Der auff vnser Kröntes Haubt /
Für die Krone setzt Cypressen /
    Vnser Mayestätt beraubt:
Durch wem wird so hoch vermessen /
    Vnser Scepter abgewandt /
Soll den Thron den wir besessen /
    Heut vernichten Todtes Handt.

### Todt.

Wann ich Todt durch das Sturm-Wetter /
    Nider dritt der Erde Staub /
Dann verwelcken Graß vnd Blätter /
    Vnd verdort all grünes Laub /
Ich zerstöre Scepter / Krone /
    Alles meine Macht erlaubt /
Ich der König: nichts verschone /
    Noch der Käyser krönten Haubt.

## Todten-Dantz. 41

Ibi morieris, & ibi erit currus gloriæ tuæ.
*Iſaiæ cap. 22.*

Daſelbſt wirſt du ſterben / vnd da werden die Wägen deines
Prachts bleiben. *Iſaiæ cap. 22.*

F         REX.

## REX.

NOn Epulo dives fuerit, felicior olim,
 Cui deerant nullo, fercula opima die.
Ecce dapes, quæcunque queunt optarier, ad funt:
 Turba miniſtrantum, tu modò funde merum.

## MORS.

SUblimi in folio recubas, capitique coronam,
 Et dignâ geſtas, regia ſceptra manu.
Nec lautæ deſunt, at miſer es tamen inter:
 Quàm diu, mors vinum, quæ tibi fundat, adeſt.

## König.

Er den Latzarum nicht leiden
 Können / lebte ohn Verdruß /
Aß / vnd trancke voller Freuden /
 Jhm war als im Vberfluß:
Wir vil reicher dann der Reiche /
 Wollen mehr bedienet ſeyn /
Vnſer Taffel keiner weiche /
 Todt warthauff / vnd ſchencke ein.

## Todt.

Iſt ein König reich geſegnet /
 Land vnd Leuth zu Dienſte ſeyn /
Alles hat der Himmel gregnet /
 Doch wie kanſt wol fröhlich ſeyn /
Wann dir als / nach Wunſch wer geben /
 Ich verbitters durch den Truck /
Weil ich raube auß dem Leben
 Dich / dein Gurgel / vnd dein Schluck.

Sicut & Rex hodie eſt, & cras morietur.
*Eccleſ. cap.* 10.

Alſo gehets / heut König / morgen todt.
*Eccleſ. cap.* 10.

## SALTUS MORTIS.
### PRINCEPS.

NOn trahe fic, magnus quia fum de ftemmate Princeps,
  Quisquis es, & nobis mitior efto precor:
Spiritus aut ftygius fi fis, dæmonque malignus,
  Hinc procul, & fanctæ figna verere Crucis.

### MORS.

SIgna Crucis fanctæ veneror, non illa pavefco:
  Suntque poteftatis, digna trophæa meæ.
Non dedit hæc, noftris, vt liber ab vnquibus effes:
  Defuncto æternùm vivere poffe daret!

### Fürſt.

Em plagt ein ſo hitzigs Dürſten /
  Der mit vnverſchambter Hand /
Mich ein hochgebohrnen Fürſten /
  Reiſſen ſoll / auß meinem Land /
Todt verehre Creutzes Zeichen /
  Deſſen Krafft ſey meine Gnad /
Dem all böſe Geiſter weichen /
  Diſes iſt mein beſter Rath.

### Todt.

Einem Rath / das Creutz zu machen /
  Laſſe nur befohlen ſeyn /
Doch entgehſt nicht meinem Rachen /
  Gibe nur dein Willen drein:
Ja das Creutz in diſem Leben /
  Frommer Chriſten Zeichen iſt /
Bringt das Ewig auch beyneben /
  So ihm wünſcht ein jeder Chriſt.

Princeps induetur mœrore. *Ezech.*
*cap.* 7.

Die Fürsten werden Traurigkeit anziehen.
*Ezech. cap.* 7.

## COMES.

Quid faciam? pugnem? contraque audentior ibo?
Invictæ fiam, præda cruenta neci.
Effugiam? sed magna meæ est infamia stirpi:
Si cogar turpi, jam dare terga fugæ.

## MORS.

Quamvis non fugeres, nil vires, armaque possent:
An nescis duræ cedre, cuncta neci.
Te tua, crede mihi, nequaquam reddere tutum,
Scuta queunt, manibus dilaceranda meis.

### Graff.

Was thut mein Hertze quälen/
Für ein vnverhoffte Noth/
Daß mich diser will entsehlen/
Der all Menschen führt in Todt:
Todtes Angst heut zu erleyden/
Bringt mir Schrocken Weh vnd Ach/
Durch ein Flucht sie zu vermeyden/
Were meinem Stand ein Schmach.

### Todt.

Wann du schon Gewöhr/ vnd Waffen/
Woltest brauchen für die Flucht/
Wirst doch mit mir nichtes schaffen/
Ich ergib mich keiner Zucht/
Was nur Waffen seyn zu wöhren/
Oder G'wöhr zu deinem Schutz/
Soll mit dir mein Hand verzöhren/
Allen biet ich gleichen Trutz.

Unus

Unus ergo introitus est omnibus ad vitam, & similis exitus. *Sap. cap.* 7.

Deßhalb haben alle Menschen einen Eingang zum Leben/ Deßgleichen auch einen Außgang. *Sap. cap.* 7.

EQUES.

## SALTUS MORTIS.

### EQUES.

Effuge, nec tentes Equitem vexare ferocem:
    Ni cedas, vires experiere meas.
Imbelli tractata manu, non martia tentet,
    Lancea cum forti, bella cruenta viro.

### MORS.

Victorem fore te credis, quòd fortiter hostes,
    Straveris in bello, vique, manuque tuos.
Vir vicisse virum potuit, sed vincere Mortem,
    Non datur: hoc fixus vulnere, dede manus.

### Ritter.

Als für Thatt / vnd Heldens-Wercke /
    Ich erwisen in dem Feld /
Soll erzaigen meine Stärcke /
    So bekandt in aller Welt /
Mich die Schand nicht lasset weichen /
    Einem schlechten Todten Knecht /
Will vor Faust an Fäuste reichen /
    Also adlen mein Geschlecht.

### Todt.

Hast du können sonst entleiben /
    Deine Feinde in dem Krieg /
Ist dir doch nicht zu zuschreiben /
    Meines Streits verlangter Sieg:
Mann für Mann ist leicht zu zwingen /
    Leicht gebracht zur Erdens-Schoß /
Kunst ist nur mit mir zu ringen /
    Dann der Sig bleibt meinem Stoß.

Averti-

Avertisti adjutorium gladij ejus : & non es auxiliatus
ei in bello. *Psal.* 88.

Auch die Hülff seines Schwerdts hast du hinweg genom-
men/ vnd hast ihm nicht geholffen im Streit.
*Psalm.* 88.

## NOBILIS.

EX nostris oculis, te proripe tristis Imago,
 Aut gladius collum, demetet iste tuum:
Respectum servato viri, qui pluribus ævis,
 Illustri duco, nobilitate genus.

## MORS.

QUid genus extollis simplex, gladioque minaris,
 Respectumque gravis, tendis habere viri?
Hactenus haud vllus Mortem devicerat, imò
 Hactenus haud vllus, tutus ab hacce fuit.

### Edelmann.

Jch von vil / vnd alten Jahren /
 Hergebracht hab meinen Stand /
Bin von Eltern wohlgeboren /
 Mir der Todt sey vnbekandt;
Pack dich nur auß meinen Augen /
 Stiffter aller Traurigkeit /
Sonst deim Kopff auch möchte taugen /
 Für mein Schwerd / so vil gemäht.

### Todt.

Bst zwar kanst vil Jahr erzehlen /
 Jedoch mit der Ewigkeit /
Lasst sich dein Stand nicht vermählen /
 Weils der Welte Lauff nicht leidt;
Dann so lang mit seinen Strahlen /
 Den sehr grossen Erden-Krais
Phæbus hat / vnd wird bemahlen /
 Bleibt dem Todt doch alles preis.

Quis est homo, qui vivet, & non videbit morten,
*Psal.* 88.

Wo ist jemand / der da lebt / vnd nicht sehe den Todt.
*Psalm.* 88.

## MILES.

QUid contra Martis, temeraria surgis alumnid'?
 Fæmineaque arcum, dirigis atra manu.
Militis hæc nondum fortissima brachia nostri:
 I procul, aut gladio, jam feriere meo.

## MORS.

CUr contra invictam, vis te defendere Mortem,
 Tela vibrans molli, non nocitura manu:
Quid possit, nescis? sed telo saucius isto,
 Victricis nosces, vimque, manumque, necis.

## Soldat.

Trauſt du dich an mich zu wagen/
 Todt! mit deinem ſchwachen Pfeil/
Der ſein Tag nur Waffen tragen/
 Sich gewöhret vmb ſein Theil:
Weich ſonſt muſt gewis erfahren/
 Meiner Hände Dapfferkeit/
Die kein Müh nicht werden ſpahren/
 Dich zu werffen in den Streit.

## Todt.

Wilſt dich zaigen einem Fechter/
 Jch vnüberwindtlich bin/
Dann ich ſtürme alle G'ſchlechter/
 Bey mir findſt du kein Gewin:
Was für Kräfften hat verſchloſſen /
 Diſer Pfeill iſt vnbewuſt/
Er erlegt all Kriegs Genoſſen/
 Vnd iſt aller Welt Verluſt.

Dissipa

Dissipa gentes quæ bella volunt.
Psal. 67.

Zerstöhre die Völcker die Lust haben zu Kriegen.
Psalm. 67.

### LATRO.

OMnia quæ portas mulier, mihi cede coacta:
  Nam ferat auxilium, qui tibi, nullus adeſt.
Languida prædonem faciat, quid fæmina contra:
  Linque hæc, ſi vitæ conſulis ipſa tuæ.

### MORS.

FAlleris infelix nullum dum credis adeſſe:
  Qui miſeræ auxilium, ſubſidiumque ferat:
Novi ego prædones, præda exſpoliare potitos:
  Evadit noſtras, nulla rapina manus.

### Straſſen-Rauber.

Er dich könnt in deinem Raiſen /
  Weib erröthen auß der G'fahr /
Vnd in Nöhten Hülff erweiſen /
  Der iſt nicht zu finden dar /
Gib dich nur bald meinen Händen /
  Deine Wahr / vnd alles ſambt /
Mich ohn Beuth von dir zu wenden /
  Leidet nicht mein Rauber-Stand.

### Todt.

Kerl! ſtill mit ſolchen Trutzen /
  Wo will auß dein hocher Geiſt /
Diſer waiß dich auch zu ſtutzen /
  Der als auß dem Leben reiſt:
Du als Rauber auff der Straſſen /
  Haſt entleibet andre Leuth /
Ich ein Mörder will dich faſſen /
  Komb vnd theill mit mir die Beuth.

Domi-

## Todten-Dantz.

Domine vim patior. *Isaiæ cap.* 38.

O HErr / ich leid Noth vnd Gewalt.
*Isaiæ cap.* 38.

MORS.

## MORS.

FRangebas baculos, damnatis arbiter olim:
  Jam vitæ baculum, Mors ego frango tuæ:
Scis debere mori quemvis, qui nascitur, & tu
  Decretum scito, Mortis adesse tuæ.

## JUDEX.

REgis amatorem, justique, æquique, ministrum
  Non expectabo funere, quando necas,
Non tu Justitiam, quod feci, perfida tractas:
  Jus ego quod colui, te violare patet.

## Todt.

OB du zwar vor Zeit zerbrochen
  Hast der Sünder Lebens-Stab/
Heut wirdts dir auch abgesprochen/
  Wirst bezahlt mit gleicher Gab/
Was nur immer lebt auff Erden/
  Nimbt nach g'fallen hin der Todt/
Alles muß sein aigen werden/
  Richter mörck auff mein Gebott.

## Richter.

MIr ist Paan vnd Acht verlichen
  Worden/sambt dem Richter-Stab/
Allen Strit hab ich verglichen/
  Jedem Recht/ vnd Vrtl gab/
Vnverhofft jetzt will vernichten/
  Meinen Stab/ vnd Grechtigkeit/
Dem es doch nicht will anfichten/
  Der vmbs Leben mich beneit?

Di-

## Todten-Dantz. 57

Disperdam Judicem de medio ejus. *Amos cap.* 2.

Ich wil den Richter auß ihr außreutten.
*Amos cap.* 2.

H MORS.

## MORS.

ASpicis vt tacite, volat irrevocabile tempus:
  Sic raro tarde, mors cito sæpe venit:
Vita cui flatu, spiravit manè secundo,
  Illum Mors fletu, vespere sæpè rigat.

## SENATOR.

HOcne ego promerui, tot jam præclara peregi,
  Nempe Senatoris, munia dignus agens?
Siccine tam subito, diro me vulnere cuspis,
  Sauciat iratæ, sanguinolenta necis?

### Todt.

SChau wie still / vnd bald vergehet /
  Aller Stunden schneller Lauff /
Wievill g'schwinder doch entstehet /
  Manich todter Menschen Hauff:
Dann der frue kaumb ist gebohren /
  Vnd des Tages Liecht geniust /
Wird zur Nacht der Welt gebohren /
  Wann der Todt die Augen schliust.

### Raths-Herr.

DIse Stimb in meinen Ohren /
  Findt / vnd hat darin kein Sitz /
Mein Gehör sie durchgebohren /
  Erger dann ein Donners-Blitz /
Mir was solches zuvernehmen /
  So zu Todtes Vngeheur /
Mich anjetzo soll bequehmen /
  Brente mehr als Koll / vnd Feur.

Memor esto quoniam mors non tardat.
*Eccles. cap.* 14.

Gedencke daß der Todt nicht verzeucht.
*Eccles. cap.* 14.

## ADVOCATUS.

Ille ego sum, quem lites, & jurgia cessant:
    Obtinet, & finem causa peracta boni:
Hinc magnos celebris dat Justinianus honores:
    Hincque mihi merces, parta labore venit.

## MORS.

Tu, qui continuos, tivisti in artibus annos:
    Pertractans causas, doctaque jure foro;
Decipit ambitio te, decipit ardor habendi:
    Tempus adest, fluxit clepsydra, morte cadis.

### Advocat.

Dorthin zilt mein Lebens-Wandel/
    Dises ist mein gröste Freud/
Wie ich andrer Stritt und Händel/
    Stillen könn zu jeder Zeit:
Du mir aber gibst zu schaffen/
    Dir mein Krafften seyn zu schwach/
Abzuwenden deine Waffen/
    Warthe Todt noch wenig Tag.

### Todt.

Rühmest dich/du könnest dämpffen/
    Stillen alle Strittigkeit;
Nun versuch mit mir zu kämpffen/
    Und zu fechten sey bereit/
Zeige an von wievil Jahren/
    Du geübet hast dein Kunst/
Dann jetzt bist in höchsten G'fahren/
    Niemandts schonet Todtes Gunst.

## Todten-Dantz.

Morientes non vivant. *Isaiæ cap.* 26.

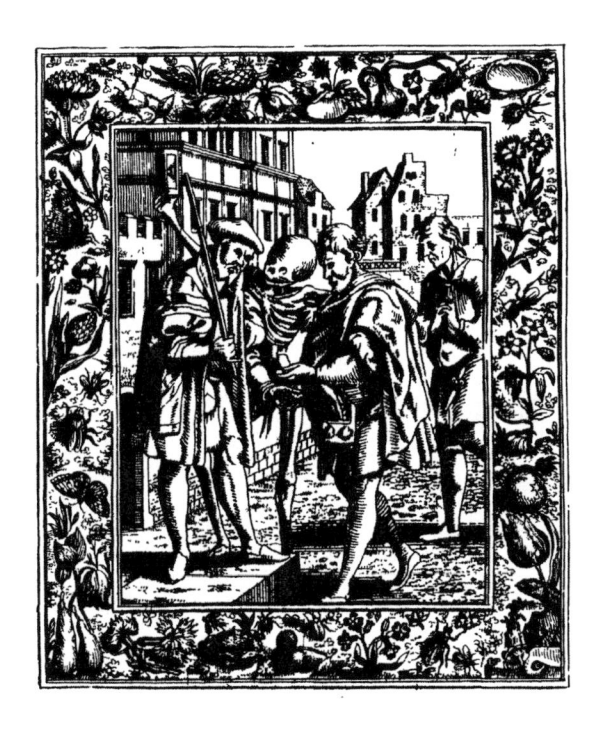

Sie sollen sterben vnd nicht leben. *Isaiæ cap.* 26.

H 3        MORS.

## MORS.

TE medicis prodest, quid in artibus esse peritum?
  Vrinamque senis, quid speculare juvat?
Decrepito tradat, cunctas Epidavicus herbas:
  Tandem obiens herbam, porriget ille neci.

## MEDICUS.

HActenus haud potuit Lachesis mihi dira nocere:
  Quid quòd & ægrotis, vtilis ipse fui.
Spes incisa modò est, res est occisa: quid ergo
  Inciso occiso, plus superesse potest?

## Todt.

Rath vnd Mitl kanst ertheilen /
  Einem der sich franck befindt /
Auch zu Zeit den Todt verweilen /
  Gleich wol bist du taub / vnd blind:
Daß in dem du denen Krancken /
  Offt versprichst den Lebens-Gnuß /
Selbsten aber kein Gedancken /
  Schöpffest / daß du sterben must.

## Medicus.

Wahr ist es daß ich kan lindern /
  Durch der Kräutter Aigenschafft /
Was den Menschen kan verhindern /
  Und benehmen seine Krafft:
Weilen aber keins gewachsen /
  So verhilfft zur Besserung /
Den vom Todt berührten Fläxen /
  Fählt mir offt meine Hoffnung.

Medi-

Medice, cura te ipsum. *Lucæ cap.* 4.

Artzt, hülff dir selber. *Lucæ cap.* 4.

ASTRO-

## SALTUS MORTIS.
### ASTROLOGUS.

Nostra per æthereos, sapientia ducitur orbes:
Dicereque ex astris, multa futura scio:
Si bene profertur, sapiens dominabitur astris:
In tellure mihi, fama superstes erit.

### MORS.

Quid juvat æthereos, discurrere posse per orbes?
Scire nec integrè, quid sibi fata volunt:
Quid dominari astris juvat? & quid fama perennis?
Dum breve post tempus, sarcina mortis eris.

### Sternseher.

Als die Kunst mir hat geschencket/
Zihlet nach der obern Welt/
Dann mein Sinn nur das gedencket/
Was die Zeit verschlossen hält/
Welcher solche Kunst erlangen
Kan/ ist ziert/ mit Tugend/ Witz/
Wird vom Todt befreyet prangen/
In der Welt/ vnd Wolcken Sitz.

### Todt.

In der Welte Kugel g'flissen/
Zeigst du an was kommen soll/
Sag mir aber kanst du wissen/
Und darin erkennen woll/
Wann dir zeiget meine Rechte/
Deines Lebens letztes Zihl/
Dises speculier/ durch fechte/
Und vom Leben schweige still.

Faciem

# Todten-Dantz. 65

Faciem ergo cæli dijudicare nostis: signa autem temporum non potestis. *Matth. cap. 16.*

Und also kündtet ihr urtheilen die Gestalt deß Himmels/
aber die Zeichen der Zeit könnet ihr nicht erkennen.
*Matth. cap. 16.*

## DIVES.

PLuto mihi Deus eſt: regina pecunia vita:
    In queis dulce mihi vivere, triſte mori.
Nullus in hoc mundo, quando caret aëre ſpirat:
    Nullus, &ære carens, divite ſperat homo.

## MORS.

DIvitias Mundi linques, ò pauper Avare:
    Nec jam plana tibi, próderit ære domus:
Ære licet poſſes quævis Mundana parare:
    Non potes æternas, ære parare dies.

### Der Reiche.

GEldes-Schatz hier zu erwerben /
    Iſt deß Menſchen höchſte Freud.
Aber vom Gut abzuſterben /
    Iſt das allergröſte Leyd /
Dem die Lufft-Röhr ſtehen offen /
    Iſt ſchon ſicher vor dem Todt /
Ich ſetz auffs Geld all mein Hoffnung /
    Diß hülfft allen auß der Noth.

### Todt.

WAs du ſolſt mit Recht gewinnen /
    Haſt du mit Betrug geſucht /
Drumb dein Gelt mit dir zerrinnen /
    Wil zu gleich durch Lebens Flucht:
Wann du auch ſchon möchtſt erwerben /
    Allen Schatz deß Erden Kreis /
So muſt endtlich gleichwol ſterben /
    Ich verſchon auff keine Weis.

Stulte,

Stulte, hac nocte repetunt animam tuam : & quæ parasti,
cujus erunt. *Lucæ. cap.* 12.

Du Narr / dise Nacht wird man dein Seel von dir fordern /
vnd wessen wird seyn daß du bereitet hast.
*Lucæ cap.* 12.

I 2 MER-

## MERCATOR.

O Quàm difficilè est isto bene vivere mundo:
  Quamque aliquis curas debet habere graves.
Quo quis emit preciorem, si divendat eodem:
  Hoc certum est, nullo tempore dives erit.

## MORS.

Difficilem Mundo vitam profiteris in isto:
  Et nescis quæ te, vita futura manet.
Desine tot curas fesso versare cerebro:
  Et saltum gelidæ, sit modò cura necis.

## Kauffmann.

Schwär ists wann man ist beladen /
  Mit der Menge grosser Wahr /
Dort man fürchtet einen Schaden /
  Da blagt vns der Sorgen-Schaar:
Hart ists kauffen / vnd verkauffen /
  Alle Sach in leichtem Werth /
Wann der Sorgen grosser Hauffen /
  Einem nur das Leben zehrt.

## Todt.

Weil du dich so thust beklagen /
  Ob deß Lebens schwären Last /
Gleich als noth wehr zu verzagen /
  Wirst von meiner Hand gefaßt /
Deine Sorgen will ich schicken /
  In die weith / vnd breithe Welt /
Nur ergib dich meinen Stricken /
  So ich dir hab vorgestelt.

## Todten-Dantz.

Angustiæ sunt mihi vndique. *Daniel. cap.* 13.

O wee der Angst / die mich allenthalben anstoßt.
*Daniel. cap.* 13.

## INSTITOR.

INstitor en curvo, porto miser omnia dorso:
    Unde mihi, atque meis vnde alimenta lucror.
Meque tot expono, peregrinus in orbe periclis:
    Dura licet vita est, vivere dulce tamen.

## MORS.

VIvere res brevis est, brevis est res fata subire:
    Hinc sequitur quod sit finis vtrique brevis.
Susceptos vitæ, Mors terminat vna labores:
    Et vitæ curas, terminat illa gravis.

## Todt.

Eil du nur in stettem Leyden/
    Auff der Pannen diser Welt/
Dich dein Weib/ vnd Kind must weyden/
    Mit so schwer gesuchten Geld:
Will ich dich der Burth entheben/
    Vnd dein Ellend schliessen zu/
Vor die Sorgen treulich geben/
    Lange/ vnd erwünschte Ruh.

## Kramer.

Das ich mehr dann z'vill beladen
    Sey/ vnd ein Blut armer Tropff/
Meinen Leib in Schwais muß baden/
    Fihlet offt mein nasser Kopff/
Dannoch will ich lieber leben/
    Lieber nehren mich in Leid/
Als O Todt mich dir ergeben/
    Kommen in dein Dienstbarkeit.

Venite

Venite ad me omnes, qui laboratis, & onerati estis.
Matth. cap. 11.

Kombt her zu mir alle die ihr mit Mühe vnd Arbeit beladen
seydt. Matth. cap. 11.

## NAUTA.

Quis majora solet sufferre pericula vitæ:
    Æquoreum quàm qui navita sulcat iter.
Jam mare, jam venti, sibi funera dira minantur:
    Nam prope tam lethum, quòd prope cernit aquam.

## MORS.

Nec saltem, dum imum turbatur fluctibus æquor,
    Proxima naucleris, sum libitina viris.
Æquora verùm etiam, quando pacata quiescunt,
    Non procul à collo sum Libitina tua.

## Schiffmann.

Wer muß grösser G'fahr erleiden /
    Als der Schiffman so da soll /
Das ergrimbte Meer durchschneiden /
    Wanns gleich Wellet noch so tholl /
Der da bald wird hingetragen /
    An ein Klippenhafftes Orth /
Den bald schnelle Wind verjagen /
    In den tieffen todten Porth.

## Todt.

Nicht allein wann Eurus wühtet /
    Und da Thesis fast ergrimbt /
Mit den Wellen / Wellen schüttet /
    Bleibet dir der Todt bestimbt /
Sonder auch wann sonst gleich wachen
    Castor vnd sein Bruder: schon
Phæbus, vnd der Himmel lachen /
    Raisest doch auff Todtes Pahn.

## Todten-Dantz. 73

Væ terræ & mari. *Apoc. cap.* 12.

Wee denen die auff Erden/ vnd auff dem Meer.
*Apoc. cap.* 12.

K           MORS.

## MORS.

QUod mihi sit robur, vel quanta potentia nostra est,
    Hoc satis Hyppolitus, cum Phaëtonte docent,
Exemplum aurigis facti miserabile cunctis;
    Nunc quoque tu vires experiere meas.

## AURIGA.

QUid mihi non dignos Aurigæ nomine jactas?
    Rexit insuetos vnus, & alter equos.
Ast ego qui tanto rexi bene tempore bigas;
    Ecquid equos turbas, præcipitasque meos.

## Todt.

Als der Phaëton in dem Wagen
    Wolte hoch gen Himmel auff/
Eyllendts mit sein vieren jagen/
    fallet er/ vnd endt den Lauff:
Gleich wie der/ so du nicht besser/
    Jetzt dir auch dein Leben kürtzt/
Der mit sambt deim Wagen d'Wässer/
    Dich mit Rossen nider stürtzt.

## Fuhrmann.

Was sagst von gedichtem Wesen/
    Was geht mich der Phaëton an/
Von dem die Poeten lesen/
    Ich bin nur ein gmainer Mann/
Der weit bösser kan regieren
    Meine zwey als Phaëton,
So gefallen ist mit vieren/
    Todt nur meiner jetzt verschon.

Et ascensor equi non salvabit animam suam.
*Amos cap. 2.*

Der auff dem Pferd reit / wird sein Leben nicht erretten.
*Amos cap. 2.*

## SALTUS MORTIS.

### MORS.

TU quoque qui rigido terram proscindis aratro,
   Obscuros ducens, & sine laude dies:
Ad nostros tua nunc aptes vestigia saltus,
   In promptu lira est: dux ego, tuque comes.

### ARATOR.

I Procul à nostris, ignotus sedibus hospes:
   Indiget haud operâ, nam labor iste tua.
Non lyra, verùm lira mihi, cum vomere nota est:
   Ductor ego solus sum mihi, sumque comes.

### Todt.

Armer der durchs harte pfluegen /
   In dem Schwaiß deß Angesichts /
Muſt da deine Nahrung ſuchen /
Harre / leyde bald geſchichts /
Daß ſich diſes wirdet wenden /
   Und erfolgen lange Ruh:
Dann ich will dein Leben enden /
Spörren all dein Leyden zu.

### Ackers-Mann.

Was erzehlſt von meinen Plagen /
   Was von meiner Bitterkeit /
Spare nur dein lähres Klagen /
   Dein Hülff brauch ich nicht der Zeit /
Müſſiggang mich machet trauren /
   Tragt nichts ein als groſſes Leid /
Harte Arbeit machet tauren /
   Bringt den Bauren Nutz vnd Freud.

In sudore vultus tui vesceris pane tuo.
Genes. cap. 3.

Im Schweiß deines Angesichts solst du dein Brot essen.
Genes. cap. 3.

K 3          MORS.

## MORS.

POtando accersunt varij sibi funera: namque
    Dum cor amat dolium, cordolium cur amat?
Hactenus haud sumpti, tibi sat fecêre liquores:
    Hæc erit vna tibi, potio nostra satis.

## POTATOR.

SIc bibulus tandem, juvat indulgere Lyæo:
    Sponte mihi talis vina ministrat anus?
Sed verum vt fatear virgo si pulchrior esset:
    Et vinum melius, lætior ipse forem.

## Todt.

BAchus hat durch Weins Geschäfften /
    Vil geschickt ins Grab hinein /
Nun probier auch seine Kräfften /
    Meine Hand dir schencket ein:
Den da nicht könten hinrichten
    Volle Gläser ohne Zahl /
Wird nur eins vom Todt vernichten /
    So all Sauffer bracht zum Fahl /

## Sauffer.

SOll ich dann bey disen Festen /
    Da man nur muß fröhlich seyn /
Lust / vnd Freude mit den Gästen /
    Tauschen vmb ein Todten Bain:
Will mich dann das Vnglück haben /
    Dises Traur-Spill mörckt ihr Gäst /
Nicht mißbrauchet GOttes Gaben /
    Spiegelt euch an meinem Rest.

# Todten-Dantz. 79

Quid prodest homini, si vniversum mundum lucretur,
animæ autem suæ detrimentum patiatur.
*Matth. cap.* 16.

Was hülffts den Menschen / das er die gantze Welt gewünne / vnd nehme doch Schaden an seiner Seele.
*Matth.* cap. 16.

## MORS.

## MORS.

TU qui divitias, aurumque, animamque, fidemque,
 Lusibus innumeris, dilapidare soles:
Siste precor lusum hunc: præcedentemque sequaris:
 Ipsa novos jam te, crede, docebo modos.

## LUSOR.

QUis me ludentem, cui jam victoria certa est,
 Suffocat, & medio cogit abire lucro?
In rem perge malam, quæcunque venefica nostras
 Progressus turbas, & mala fata voves.

### Todt.

Weil du fast dein gantzes Leben /
 Liederlich hast angebracht /
Dich allein dem Spill ergeben /
 All dein Güttl durchgejagt:
Ey so lasse nun die Karten /
 Und mir folge nach in Eyll /
Unser zwey hier auff dich warten
 Dann jedem gebührt ein Theil.

### Spiler.

Ach weh! was seyn das für Geister /
 Wer der mich beyn Haaren zuckt /
Und wer ist der andre Meister /
 So mir fast das Gnack abdruckt /
Wer thet also nicht verzagen /
 In so grosser Angst / vnd Noth;
Wann der Teuffel einem tragen /
 Hilfft vnd führen mit dem Todt.

Exper-

## Todten-Dantz. 81

Expergescimini ebrij, & flete, & vlulate omnes qui bibitis vinum in dulcedine. *Joel. cap.* I.

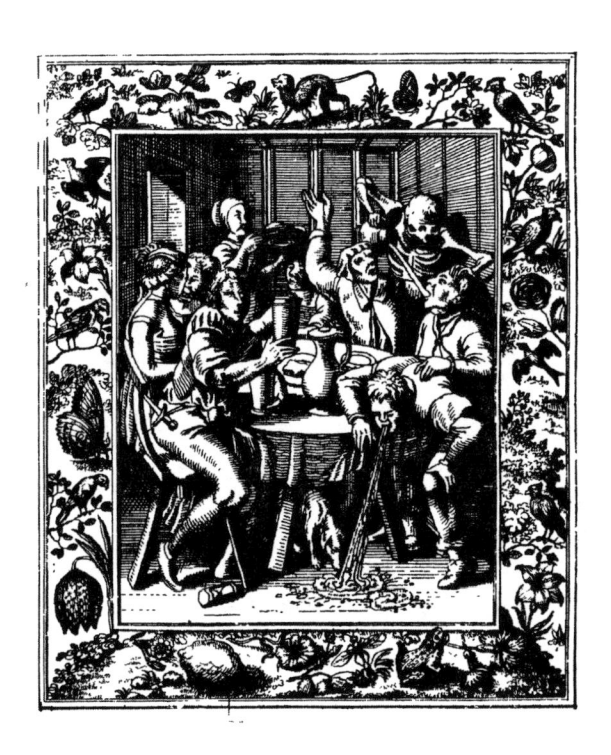

O ihr Truncknen/ wacht auff vnd weynet/ vnd heulet ihr alle die mit Lust Wein sauffet.
*Joel. cap.* I.

L  MORS.

## MORS.

STulte brevem venias mecum tractare choream,
    Te, quo saltanda est illa, docebo modum.
Quamvis multiplicem saltum, & tripudia noris:
    Ad mea crediderim te tamen esse rudem.

## STULTUS.

NOn tua delectat me fistula, nolo choreas:
    Pulchrius in Regis, luditur æde mei.
Effuge conspectu nostro, deformis imago:
    Aut tibi farcimen, continet hocce caput.

## Todt.

Durch dein Possen Schertzen Lachen /
    Hast du manchen offt ergetzt /
Den Betrübten lustig zmachen /
    Ist dir von Natur eingsetzt /
Ich acht nichts dergleichen Possen /
    Sonder bin ein Freuden loß:
Komb anjetzo dich zu stossen /
    In die tieffe Erden Schoß.

## Narr.

WIlst du dann mich armen Narren /
    Schwartz verbaindtes Contrafeh /
Zu dir in die Erden scharren /
    Weit von mir sey solches Weh:
Lustet dich von mir zu fressen /
    Kost voran mein Pluntzen-Wurst /
Die will ich an dir abmessen /
    Ehe du löschest deinen Durst.

Et

## Todten-Dantz. 83

Et ignorans nescit quòd ad vincula stultus trahatur.
*Proverb. cap.* 7.

Vnd der Narr waiß nicht daß er zum Stricke geführt
wird. *Proverb. cap.* 7.

L 2        CÆ-

## CÆCUS.

NOnne suos dolor est, non posse videre nepotes :
Nec vivo nitidam posse videre diem.
Absque duce & baculo vix possum pergere: labor
Ni regat ille manus, ni regat iste pedes.

## MORS.

JAm, baculum retinendo, tuos mors dirigo gressus:
Ad foveamque tenùs, me duce tutus eris.
Lapsurus semel es: nec plus, mihi crede, resurges:
Hicque tui finis, cæce doloris erit.

## Blinde.

SEhr betrübt ists Menschen Hertze /
Wann er seine Freund nicht sicht /
Noch vil grösser seyn die Schmertzen /
Leben ohne Tages Licht /
Wann nicht wol deß Führers Stecken /
Laitet meine schwache Hand /
Kan mein Weeg sich nichts erstrecken /
Dann der Fueß hat kein Bestand.

## Todt.

JCh wil dich schon treulich laithen /
Und regieren deine Tritt /
Kanst bey Grueben sicher schreitten /
Da ich hjette deine Schritt:
Endlich wirst doch einmal fallen /
Blinder vnd deß Todtes seyn /
Dann der Fall ist gmein bey allen /
Niemand soll befreyet seyn.

Cæcus

## Todten-Dantz. 85

Cæcus autem si cæco ducatum præstet, ambo in foveam cadunt. *Matth. cap.* 15.

Wann nun ein Blinder den andern leitet / so fallen sie baide in die Grueben. *Matth. cap.* 15.

## MENDICUS.

Quo me sæva rapis, quo mecum barbara tendis?
  Aut quid jam de me, paupere habere cupis?
Respice pauperiem, nostri miserando doloris:
  Cum miseroque bonum, perfice paupere opus.

## MORS.

Non me pauperies flectit, nullique dolores:
  Muneribus nullis, nec prece ducor ego.
Omnes Mors rapio, miseros simul atque potentes:
  Æqui lethiferas, sentit vterque manus.

### Bettler.

Ach wie ellend vnd verlaſſen /
  Uberheufft mit aller Noth /
Seufftze ich auff freyer Straſſen /
  Ja vor Schwachheit haiber todt:
Gleichwol möchte ich genieſſen /
  Noch ein kleine Leben-Friſt /
So ich dem nicht werde müſſen
  Folgen / der vor Augen iſt.

### Todt.

Eß nicht kan noch wird geſchehen /
  Mich erbarmen keine Leuth /
Armb vnd Reich durch mich vergehen /
  Als was lebt iſt meine Beuth:
Meinſt du daß allein die Reichen /
  Seyn gebohren zu dem Todt /
Irreſt weit / dann auch deßgleichen
  Leiden arme Todtes Noth.

Infælix

# Todten-Dantz. 87

Infælix ego homo, quis me liberabit de corpore mortis hujus. *Roman. cap. 7.*

Ich vnseliger Mensch / wer wird mich doch erlösen von dem Leibe dises Todtes. *Rom. cap. 7.*

SE-

## SENEX.

HEu mortis plena est: morbusque est ipsa senectus:
 Viribus amissis debilitata jacet.
Musica, nec blandi mihi dant solatia cantus:
 Hoc pertriste quies vnica corpus alit.

## MORS.

NOn pro quæsita, plectrum tibi pulso quiete:
 Ut tibi eo morbum, tristiamve levem;
Me sed vt extremam, facias ludente choream:
 Donec cane senex, ad mea vota cades.

## Alter.

KRanck vnd Schwachheit mich beglaiten/
 Als Geferdten meiner Raiß;
Todt/ vnd Leben in mir streitten/
 Jeder wil den alten Greiß:
Mich ergötzen keine Lieder/
 Keiner der so spilt wie du/
Nichts erfreuet meine Glider/
 Als erwünschte stille Ruh.

## Todt.

MAinst du daß ich nach deim Willen/
 Vnd allein zu deinem Trost/
Her bin kommen auffzuspillen/
 Alter! hast nicht recht gelost/
Meiner Harpffen trübes klingen/
 Tunckelt allen Freuden Glantz/
Soll dir auch die Zeittung bringen/
 Zu dem letzten Todten Dantz.

Spiri-

Spiritus meus attenuabitur dies mei breviabuntur, & solum mihi supereſt ſepulchrum.
*Job. cap.* 17.

Mein Geiſt wird ſchwach/ vnd meine Tage werden abgekürtzet/ allein das Grab iſt mir über.
*Job. cap.* 17.

M        MORS.

## SALTUS MORTIS.

### MORS.

ET tu jam mecum choream fac Cæsaris vxor:
    Huc satis vsque bono est, dælicijsque frui.
Hoc saltare modo nemo te viderit ante:
    Hanc duce me choream, dum vocat hora, probes.

### IMPERATRIX.

QUid vis, humanæ non æqua figura figuræ:
    Ad quas me choreas sanguinolenta vocas?
Quas tu cunque doces choreas rescire pavesco:
    Signa etenim choreæ sunt metuenda tuæ.

### Todt.

Jener Garten schön erscheinet/
    So mit Blumen reich geziert/
Jedoch bald sein Zier beweinet/
    So er vil vom Fuß berührt:
Also deiner Mäystett Blitzen/
    Schönste Zier der gantzen Welt/
Heut berührt durch Pfeilles Spitzen/
    Wird in Tunckelheit verstelt.

### Käyserin.

Sollen wir so grosse Gaben/
    Die vns GOttes Gnaden Thron/
Hat vergünt vil Jahr zu haben/
    Heut verlieren sambt der Cron:
GOtt vnd alle GOttes Himmel/
    Nemmet solche Traurigkeit/
Höret meiner Stimb Getümmel/
    Bin zum Todt jetzt nicht beraith.

Nunc finis super te. *Ezech. cap.* 7.

Jetzt kombt das End über dich. *Ezech. cap.* 7.

MORS.

## MORS.

Huc, invita licet jungatur dextera dextræ:
  Et præcedentem me comitare ducem.
Quamvis ipsa levem saltandi noveris artem;
  Te nunc ignotas docta docebo notas.

## REGINA.

Quid me præcipitem trahis ad tripudia? quid me
  Cogis inexperto membra movere modo?
Parce precor teneræ Regis, Mors dura, maritæ:
  Saltandi numeris sum minùs apta tuis.

## Todt.

Ich der Todt mit meiner Rechten/
  Wil ergreiffen deine Hand/
Wann wir Händ mit Hände flechten/
  Wird zum Dantz ein rechtes Band/
Weil sie in den Liebs Sonnetten/
  War ein edle Singerin/
Soll sie auch in mein Balleten
  Seyn die beste Springerin.

## Königin.

Was deut auß dein Hände ziehen/
  Vnsre Händ laß vngebahrt:
Zarte Glider sich bemühen /
  Nicht können nach deiner Arth:
Du solst heut nicht mit dir nehmen/
  Die beziehrt deß Königs Glantz/
Die sich gar nicht kan bequehmen/
  Vnd nicht wil mit dir zum Dantz.

Nemo

## Todten-Dantz. 93

Nemo enim ex Regibus aliud habuit.
*Sapi. cap. 7.*

Dann auch niemand vndern Königen ist / der seiner Geburt einen anderen Anfang hab.
*Sapi. cap. 7.*

M 3           MORS.

## SALTUS MORTIS.

### MORS.

SIccine oblita mei Regum de stemmate nata,
 In placido resoves mollia membra thoro?
Indultum satis est somno: jam desere stratum
 Ocyius: & qua mors, tu quoque perge, via.

### PRINCIPISSA.

QUis media de nocte mea me turbat in aula:
 Et somnum nostris excutit ex oculis?
Huc tædas, & opem famulorum turba ministres:
 Et quæcunque sient, pellito monstra foras.

### Todt.

Ein Beth hast genug besessen/
 Edle Fürstin schönste Zier/
Fürsten Standts auch vnvergessen/
 Dich zu rauben kommen wir/
Auff/ du hast schon gnug geschlaffen/
 Dich berufft ein andre Ruh:
Heut wollen wir dich verschaffen
 Allgemeiner Grabstatt zu.

### Fürstin.

Was für zwey betrübte Leichen/
 Bey so still/ vnd eytler Nacht/
Thuen in vnsren Hoff einschleichen
 Welcher Geist vns munter macht/
Holla Diener kombt zusahmen/
 Alle so bey vns im Hauß/
Bringt Gewöhr/ vnd Liechter Flammen/
 Treubt die Höllen Gspenster auß.

De

De lectulo, super quem ascendisti, non descendes, sed morte morieris. 4. Reg. cap. 1.

Solst du von dem Beth nicht kommen/ darauff du dich gelegt hast/ sonder solst deß Todts sterben.
4. Reg. cap. 1.

MORS.

## MORS.

Illustri tu quæ Comitum de sanguine prodis:
  Te cultu ornatam conveniente volo.
En preciosa tibi pro torque cathena parata est:
  Non auro, aut gemmis: ossibus illa nitet.

## COMITISSA.

Reddo tibi nullas tali pro munere grates:
  Nam torques statum dedecet ista meum.
Aurea dona mihi non desunt: talia namque
  Munera possideo sufficienter ego.

## Todt.

Edle Gräffin/ schwartze Mohren/
  Schicken/ was die Nymphen schmückt:
Goa deine Arm/ vnd Ohren/
  Reich mit Perlen hat beglückt/
Deiner auch mit ihren Gaben
  Lachesis war ingedenck/
Parca könnt nicht Perlen haben/
  Ehret dich mit Bain-Geschenck.

## Gräffin.

Federn zieren Helmb/ vnd Hauben/
  Schöns Gewöhr der Hölden Schildt/
Grüner Glantz soll mich belauben/
  Als der edlen Jugend Bildt/
Blüh von Jahren jung vnd wacker/
  Mir nur gar was schöns gebührt/
Dürre Bain zum Todten Acker/
  Nicht für mich so Schönheit ziert.

Adduxit

Todten-Dantz. 97

Adduxit enim mihi DEUS luctum magnum.
Baruch. cap. 4.

Gott hat ein Leyd über mich kommen laſſen.
Baruch. cap. 4.

N                    MORS.

## MORS.

**M**E recta sequitor pulsantem tympana mortem:
    Egregij conjux facta, virago, viri.
Expedit hanc mortis quoque te saltare choream:
    Rumpe moram: ad saltum jam sonat hora, veni.

## NOBILISSA.

**T**Erribilis nimiùm nostris sonat auribus horror,
    Tympani ab hoc pulsu tristis imago tui.
Vox, & forma feros monstrant, & tympana saltus:
    Non ego sum ad saltus docta, nec apta tuos.

## Todt.

Ichts so hartes wird gefunden /
    So man nicht erweichen kan /
Als der Todt / so Ehe=verbunden /
    Trennet / nimbt das Weib vom Mann:
Music / vnd Trompetten=Schalle /
    Wahren ewrer Hochzeit Zier /
Heut nun euch mein Trumbl g'falle /
    Frau ihr müst hinweg mit mir.

## Edl=Fraw.

Aider was für Forcht vnd Schmertzen /
    Deiner Trombel schiechs Gethän /
Was Entsetzung meines Hertzen
    Bringt / O Todt dein trübe Stim:
Solst du dann heut Ehe bezwingen /
    Vnd zertrennen was gepaart?
Die vermählte Händ ent=ringen?
    Lasse ab von deiner Arth.

Sola

## Todten-Dantz.

**S**ola Mors me & te separaverit. *Ruth.*
cap. I.

Wo vns etwas anders dann der Todt scheydet.
Ruth. cap. I.

MORS.

## SALTUS MORTIS.
### MORS.

HUc titubante gradu, trepidante & corpore toto,
  Ad mea te citius limina confer Anus.
Illa ego fum: per quam velox fit tarda fenectus:
  Ocyus & lentos cogo movere pedes.

### VETULA.

AH precor invalidæ ( precor inquam ) parce fenectæ:
  Non mihi funt celeres ad tua juffa pedes.
Deprimit annorum numerus, gravat ipfa fenectus:
  Concedas facilem te præeunte manus.

### Todt.

Weil die Kräfften-lofe Glider /
  Und dein alter falten Kopff /
Sich zur Erden neigen nider /
  Komb ich / vnd bey dir anklopff:
Ich das Alter hurtig mache /
  So vor Schwachheit langfamb ift:
Drumb folg ohn Verzug hernahe /
  Alte / heut mein aigen bift.

### Alts-Weib.

Kranck vnd Schwachheit beyd verbunden /
  Trübfall / Ellend / Kummernuß /
Werden all bey mir gefunden /
  Nichts mehr dann allein Verdruß:
Hier plagt mich die Zahl der Jahren /
  Dort das schwere Alter druckt /
S'befte ift nur fortgefahren /
  Mit dem der all Menfchen zuckt.

Melior

Melior est Mors, quam vita. *Eccles. cap.* 30.

Der Todt ist besser / dann ein bitteres Leben.
*Eccles. cap.* 30.

MORS.

## MORS.

INcipe parve Puer cum lacte relinquere cunas:
    Et titubans durum carpere mortis iter.
Et formare tuos nostra ad vestigia gressus?
    Firmabit passus dextera nostra tuos.

## NUTRIX.

QUo trahis elinguem Mors insperata puellum?
    Provectos potiùs Mors truculenta rape.
Non est digna tuo, mihi crede, hæc præda furore,
    Pupulus iste meus, lacteus iste meus.

## Todt.

JEtzt will ich dein Kind auffpassen /
    So hier in der Wiegen ligt:
Diß soll Brust / vnd Milch verlassen /
    Alles was sein Hertz erquickt.
Will ihm dann so lang zue singen /
    Mit der Todten Melodey:
Biß ichs dann zum Schlaff kan bringen /
    Weicher immer vnd ewig sey.

## Die Ammel.

JHn Erbarmnuß wilst ermorden /
    Meines Kinds vnschuldigs Blut:
Das gleich erst beseelet worden /
    Mit deß Lebens Schatz / vnd Gut?
Die das Alter hat verstöllet /
    So schon g'lebet lange Jahr /
Wollest vorher zuegesellen /
    Dir vnd deiner Geister Schaar.

Reddite

Reddite ergo quæ funt Cæfaris, Cæfari: & quæ funt
DEI, DEO. *Matth. cap.* 22.

So gebt dem Kayser / was deß Kaysers ist / vnd GOtt
was GOttes ist. *Matth. cap.* 22.

MORS.

## MORS.

Quamvis sis vegetus membris, & corpore toto:
  Ocyus & celerem promptus inire fugam.
Non tamen effugies: nec enim has fallere cursu
  Hyppomenes potuit, non Athalenta manus.

## JUVENIS.

Ocyor es ventis, & fulminis ocyor alis:
  Est neque qui cursu te superare queat.
Attamen ad tempus fors me subducere possem:
  Ne tibi dira manu telaque, nexque forent.

## Todt.

Ob zwar deine jungen Glider /
  Leib / Geblüt / frisch vnd gesund /
Ist dir doch der Todt so zwider /
  Daß ers Leben nicht vergunt /
Ich / der Risen Mueth gebrochen /
  Als / was starck zu Boden bring /
Der mit mir vermaint zu bochen /
  Jedem gleiches Liedel sing.

## Der Knab.

Jl geschwinder als die Winde
  Bist / ja schneller als ein Pfeil:
Hier ist keiner der da kündte
  Dir gefolget in der Eyl /
Möcht zwar noch durch Flucht geniessen
  In der Welt ein kleine Zeit /
Weil doch alle sterben müssen /
  Nun / so sey ich auch berait.

# Todten-Dantz. 105

In luce sagittarum tuarum ibunt in splendore fulgurantis hastæ tuæ. *Habac. cap.* 3.

Sie wandleten nach dem Liecht deiner Pfeil / nach dem Schein deines glitzenden Spieß.
*Habac. cap.* 3.

O  MORS.

## MORS.

TAm citò arundineo quo pergis equesque pedesque
    Bucephalo? ad saltum ferre puelle meum.
Venisti citiùs puerili vecte bacillo:
    Quàm qui Pegaseo fortè vehuntur equo.

## INFANS.

MOrs ades ah tenero nimiùm matura puello!
    Inter adhuc primos, me rapiesne jocos?
Ausit adhuc celeri post hac quis credere vitæ,
    Si quoque populeis fata adeuntur equis?

## Todt.

Kanst du schon auff Stecken reitten/
    Rennen/ sprengen nach Begir/
Wilst hierdurch mein Dantz vermeiden/
    Kleines Knäblein? komb zu mir:
Dann dich da nichts kan erretten/
    Weder Roß/ noch Wagens-Lauff/
Bist schon g'fesselt an mein Ketten/
    Ziehe nur auch mit mir auff.

## Der Bub.

BIst schon hier/ du Feind der Jugend/
    Vberschiehes Larven G'sicht;
Andre lehre deine Tugend/
    Mich dein Gmeinschafft nicht ansicht:
Laß mich meine Jährlein g'niessen/
    Biß ich endlich werd zum Mann/
Thue dein Lust an andren biessen/
    So die Welt versuchet schon.

Stultitia colligata est in corde pueri, & virga disciplinæ
fugabit eam. *Prov. cap.* 22.

Torheit steckt dem Kind im Hertzen/ aber die Rueth der
Straff wird sie fern von ihm treiben.
*Prov. cap.* 22.

O 2       MORS.

## MORS.

**B**Acche, quid infultas, aut quid tua munera jactas?
  An mihi te credis, viribus effe parem?
Sunt tua dona quidem magnæ virtutis: at illa
  Sanare haud quaquam vulnera noftra quæunt.

## BACCHUS.

**V**Ulnera veftra quidem femper medicamina noftra
  Haud fanare queunt: fed tamen illa juvant.
Nempè parant animos, faciuntque caloribus aptos:
  Cedere & his crebrò fataque nexque folent.

## Todt.

**J**Je mit grün belaubter Stangen/
  Gleichfamb mir zu Schimpff vnd Spott/
Kombt die Purfch daher gebrangen/
  Umb zu loben ihren Gott:
Wift ihr nicht daß ich zerftören
  Könne junge Bachus Gäft/
Und durch mich müffen auffhören/
  Angeftöllte Freuden-Feft.

## Jugend.

**J**r in Freuden den verehren/
  Der benimbt all Hertzens-Peyn/
Du wilft vnfren Spaß verheren/
  Aller Freud Zerftörer feyn:
Weiche: laß vns Brüder fpillen/
  Mit dem was ihr Hertz begehrt/
Nicht erfüll nach deinem Willen/
  Vnfer Schertz ift lobens werth.

Quo-

# Todten-Dantz.

Quorum Deus, venter est: & gloria in confusione ipsorum, qui terrena sapiunt. *Philip. cap. 3.*

Denen der Bauch ein Gott ist / vnd ihr Ehre zu schanden wird / deren / die auff irdisch gesinnet seynd. *Philip. cap. 3.*

MORS.

## MORS.

SIste triumphales victorum turba quadrigas:
    Victorum domitrix Mors ego: siste rotas.
In tristem laurus vertatur florida myrtum:
    Cessent applausus, jubila, cesset jo!

## TRIUMPHANTES.

HEu quo deliciæ? quo gaudia, quove triumphi?
    Cuncta recesserunt more fluentis aquæ.
Indomitos domuisse juvat quid fortiter hostes?
    Dum nos victores Mors inimica domat.

### Todt.

SIeh / verweille mit der Beuthe /
    Du mit Sig beglückte Schaar /
Ich ein Zwinger starcker Leuthe /
    Ihr seyt mein / sambt ewrer Waar /
Todtes G'walts nicht seyt vergessen /
    Leget ab den Lorber Krantz /
Krönt darfür euch mit Cypressen /
    Trauret ewren Freuden / Glantz.

### Triumphierende.

WIrd man dann nicht mehr geniessen /
    Die voran gehabte Freud /
Soll sie dann zu Wasser fliessen /
    In dem Thal der Traurigkeit /
Was für Hülff bringt vns / vnd Nutzen /
    Daß wir g'schlagen starcke Feind /
Wann wir vns nicht können schutzen /
    Wider den ders übel maint.

Et fortium dividet spolia. *Iſaiæ. cap. 53.*

Vnd der ſtarcken Raub wird er außteilen.
*Iſaiæ cap. 53.*

CHRI-

## CHRISTUS.

Aspice Mortalis, pro te quos sumo labores!
　　Et volui pro te quam tolerare crucem!
Nec mihi parco mori, per quod tibi vita resurget:
　　Tolle hanc, æterna ne cruciere, crucem.

## MORS.

Aspice, quæ Morti numerantur Munde, trophea:
　　Nunquid ego justo maxima jure vocor?
Ecce Sator rerum, qui cum Patre cuncta creavit:
　　Succubuit gratæ victima sacra neci.

### Christus.

Schau O Seele meine Plagen/
　　Schau/ wie ich genagelt an/
Händ vnd Füß ans Creutz geschlagen/
　　Wer als du ist schuldig dran:
Dir allein hab ich gestritten/
　　Dich hab ich also geliebt/
Daß ich den Todt selbst gelitten/
　　Der dir auch das Leben gibt.

### Todt.

Schau wie meines Sigs auff Erden/
　　Hier diß Creutz ein Zeichen ist/
Und was könt mir grösser werden/
　　Als der Tode JEsu Christ:
Sehr beglückt diß meinen Orden/
　　Daß der Schöpffer aller Ding/
Selbst dem Todt zu theil ist worden/
　　Menschen Macht ist mir zu gring.

Pater,

Pater, dimitte illis, non enim sciunt, quid faciunt.
*Lucæ. cap.* 23.

Vatter / vergib ihnen / dann sie wissen nicht was sie thun,
*Lucæ. cap.* 23.

P			OSSA

## OSSA OMNIUM HOMINUM.

Væ! væ terrenum miseris habitantibus orbem!
  Quos Mundi immundi gratia falsa tenet.
Væ! væ! væ miseris, qui momentanea quærunt
  Gaudia, nec sitiunt, quas dat olympus, opes.
Omnia si Mundi quis gaudia posset habere:
  Respectu Cæli gaudia nulla forent.
Mortua sunt, vita Mundi quæcunque fruuntur:
  Ergò vivendo discito quisque mori.

### Die Gebain aller Menschen.

Weh! euch zumahl so in dem Thal
  Der Welt voll Ellends lebet/
Dann ewer Zeit nur Bitterkeit/
  Und nichts dann Schmertzen gibet/
Wann schon das Glück durch seine Duck/
  Euch etwas guts thut raichen/
In letzter Noth / wann kombt der Todt /
  Mueß alls in d'Erden weichen.

Cuncta

## Todten-Dantz.

Cuncta in quibus spiraculum vitæ est, in terra, mortua sunt. *Genes. cap. 7.*

Alles das ein lebendige Seel hätte auff Erden / ist gestorben. *Genes. cap. 7.*

## EXTREMUM JUDICIUM.

Omnes ante DEI nos stare tribunal oportet:
    Dum veniet totum vt judicet ille solum.
Illa dies incerta, nihil quoque certiùs illâ:
    Incertos penitùs nos facit illa sui.
Hinc nos scriptoris sacrarum quàm bene vocum
    Insignis Lucæ tot documenta monent.
Este, inquit, vigiles; precibusque estote frequentes:
    Vos Domini adventus, mortis & hora latet.

### Das Jüngste-Gericht.

Was hülffts seyn ein Herr der Erden/
    B'sitzen alles Gut vnd Gelt/
Wann als muß verlassen werden/
    GOtt so scharpffe Rechnung hält?
Der nicht will zur Busse fahlen/
    Da noch vnbewust die Zeit:
Muß die Schuld vnd Straff bezahlen
    Mit Verlust der Seeligkeit.

## Todten-Dantz. 117

Omnes stabimus ante tribunal CHRISTI.
*Rom. cap.* 14.

Wir werden alle vor dem Richterstull Christi stehen.
*Rom. cap.* 14.

## INSIGNIA MORTIS.

ULtima si vitæ mortalis fata revolvas:
  Omni criminibus tempore liber eris.
Sæpiùs extremi si Iudicis ora revolvas:
  Omni criminibus tempore liber eris.
Sæpiùs Inferni pœnas si mente revolvas:
  Omni criminibus tempore liber eris.
Denique cælestis spectes si gaudia regni:
  Omni criminibus tempore liber eris.

### Das Wappen deß Todts.

Er betracht das sterblich Leben /
  Und wie als zergänglich sey /
Kan leicht ohne Laster leben /
  In der Seelen ruhen frey:
Drumb O Mensch offt solst erwegen /
  GOttes Gericht vnd Höllen Peyn /
Deine Werck auff d'Wage legen /
  So wirst ohne Sünden seyn.

# Todten-Dantz. 119

Memorare novissima, & inæternum non peccabis.
*Ecclef. cap. 7.*

𝔊edenck der letzten Ding/ so wirst du nimmermehr
sündigen. *Ecclef. cap. 7.*

## Ende deß Ersten
### Thails.
ANNO M. DC. LXXXI.

# THEATRI MORTIS HUMANÆ, PARS II.

*Id est:*

# VARIA GENERA MORTIS.

Oder:

## Schau-Bühne

Deß Menschlichen Todts/
Anderer Thail.

Durch
Unterschiedliche Gattung desselben
Vorgestellet.

---

Gedruckt zu Laybach/ vnd zufinden bey Johann Baptist
Mayr/ in Saltzburg/ 1681.

## ÆSCHYLUS POETA.

Vate audierat, quod debeat Æschylus ex re,
Desuper illapsa, certò aliquando mori,
Ergo domos, vrbesque fugit, tecta omnia aperto,
Ut fatum eludat, sub Jove semper agit,
Dum semel aperciat calvus testudine in altum
Fert Aquila, Æschylæum cernit & inde caput;
Hac petram reputans prædam dimittit in illud
Ut frangat, fractum est, at caput inde Seni.

*Val. Max. & Polit. in Nut.*

### Aeschylus der Poet.

Er Glatz-Kopff Aeschylus
    Sich kaum vor d'Statt begeben/
Und in die Sonnen g'setzt/
    Da bracht ihn gleich umbs Leben/
Die Schildt-Krot/ so auff ihn
    Ein Adler lassen fallen/
Mainent es wär ein Fölß/
    Die brach ihm d'Hiern-Schalen.

# Vnterſchiedliche Todts-Gattung. 123

Nescit homo finem suum.
*Eccl. cap.* 9.

Auch waiſt der Menſch ſein Ende nicht.
*Eccl. cap.* 9.

## CLEOPATRA REGINA.

Viderat vt tristem Regina Cleopatra casum,
  Viderat vt sponsi, fata cruenta sui,
Vidit, & Augusti victricia Cæsaris arma,
  Fortunam penitus præcipitasse suam;
Vt declinetur tanta ignominia Maris,
  Morte pari, vtque novus concomitetur amor,
Quid facit? aspidibus regalia brachia præbet,
  Sic morsu intulerant, hausta venena necem.

*Propert. lib.* 5.

### Cleopatra die Königin.

Was thuet Cleopatra /
  Die prächtig Königin /
Als ihr Antonius
  Nun war gerichtet hin;
Zwey Schlang sie bringen ließ /
  Vnd setzts an ihren Leib /
Damit das Gifft vom Biß /
  Die Seel vom Leibe treib.

Nolite timere opproprium hominum, & blasphemias
eorum ne metuatis. *Esa. cap.* 51.

Förchtet vnd entsetzt euch nicht vor der Leuten schänden
vnd lästern. *Esa. cap.* 51.

ARIUS

## ARIUS ALEXANDRINUS.

Ernitis hæretici, quam infami morte Scelestus,
  Et sanctæ Triadis Arius hostis obit?
Christiadum fidei nequam contraria spargit
  Dogmata, seducens in numeras animas.
Sed tandem, vt ventrem exoneret naturâ recessum
  Vrget, addit pænam tum miser ipse suam,
Namque anima in fædam cum stercore, & extra cloacam
  Efusa hæc huius mors maledicta probri est.

*Volaterran: Sabel.*

## Arius Alexandrin.

Pfuy! wie stirbt Arius
  In der so grossen Statt/
Deß Glaubens Feindt dahin/
  Ein gantz spöttlichen Todt:
Die Noth deß Leibs Jhn trib/
  Er suechte Orth vnd Zeit/
Da fuhr auß jhm als pfuy.
  Sein Seel vnd Jngewaidt.

# Unterschiedliche Todts-Gattung. 127

Væ his qui perdiderunt sustinentiam, & qui dereliquerunt
vias rectas, & diverterunt in vias pravas.
*Eccl. cap. 2.*

𝔚ehe denen die die Gedult verlohren / vnd die rechte Weege
verlassen haben / vnd zu bösen Weegen getretten
seynd. *Eccl. cap. 2.*

NUPTIA-

## NUPTIALES.

AD Saxhaufanam memorabile contigit oram,
  (vt teftatur adhuc Theutona Mufa metris)
Sponfa fuo vehitur fponfo: comirantur amici:
  Fæda cachinantes verba, modofque ferunt.
Ridet turba quidem: at fuperi indignantur ab alto:
  Plectit & obfcænos vltio digna iocos:
Plena quadriga ruit: mox quinque necantur amici:
  Saucia fubtrahitur vix nova nupta neci.

*Titius l.* 11. *p.* 319.

### Saxenhauſer Braut.

Ein Saxenhauſer Braut/
  Wird haimb beglaidt zum Mann:
Die Freund vnehrbars vil
  Zu treiben fiengen an:
Der Wagen brach zur Stund
  Hat fünff der Freund erdruckt/
Die Braut auch ſchwer verwundt/
  Dem Todt kaum war endzuckt.

Longè

# Vnterschiedliche Todts-Gattung. 129

Longè est Dominus ab impijs.
*Prov. cap.* 15.

Der HErr ist fern von den Gottlosen.
*Prov. cap.* 15.

R          PRO-

## PROCOPIUS TYRANNUS.

Uguſtum petiit periniquo Marte Valentem
  Procopius, celebri non procul vrbe Phrygum
Marte ſed ad votum non ſuccedente Tyranni,
  Victus is, & tumido captus ab hoſte fuit:
Arboreis truncis magna virtute reflexis
  Per ſua vincitur brachia perque pedes,
Grata dat infœlix rabido ſpectacla Valenti:
  Dum laxati apices dilacerant miſerum.

*Jo. Rav. Tex. off. l. 2. cap. 75. fol. 177.*

### Procopius der Tyrann.

Procopius mit Krieg
  Valenten zwar bezogen/
Wird aber g'fangen ſelbſt
  Durch aignen Schalck betrogen/
Baum-Gipfl bog man z'amb/
  Vnd bindet ihn daran/
Die ſchnelten dann in d'Höch/
  Vnd z'riſſen den Tyrann.

## Unterschiedliche Todts-Gattung. 131

Omne regnum divisum contrà se, desolabitur.
*Matth. cap.* 12.

Ein jeglich Reich / so wider sich selbst zertrennet ist / das wird verwüstet. *Matth. cap.* 12.

## PRINCIPIS CONCUBINA.

PRoch! quam sæva fuit, cum Pellice Principis Vxor,
 Tertis vt ad Rhenum pars Alemana refert:
Quos geminos habuit Pellex cum Principe natos,
 Enecat ante oculos fœmina sæva suos,
Quid vir ad hæc? claudit manibus pedibusque revinctam
 Tumbâ vnâ vxorem, & pignora bina simul,
Vivaquè cum occisis fovea tumulatur eadem
 Sævior hic quisnam? Vir mulierve fuit?

Harßdorffers grosser Schaublatz jämmerlicher Mord-
 Geschichten. *Part.* 1. *hist.* 21. *fol.* 68.

### Fürstliche Beyschläfferin.

Ein Fürstin ward / die schmertzt es hart /
 Ihrs Fürstens Ehe verbrechen:
Die zway Bastart / noch klein vnd zart /
 Sie tödtet / sich zu rechen /
Der Fürst ergrimbt die Gmahel nimbt /
 Bindt ihr die Händ / vnd Füsse /
Vnd sie zu gleich in Mitt zwey Leich /
 Lebendt vergraben liesse.

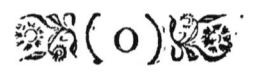

## Vnterschiedliche Todts-Gattung. 133

Redde vxorem viro suo: si autem nolueris reddere, scitto, quod morte morieris tu, & omnia, quæ tua sunt.
*Genes. cap.* 20.

So gib nun dem Mann sein Weib wider / wo du aber sie nit wider geben wilt / so wisse / daß du deß Todts sterben muest / vnd alles was dein ist.
*Genes. cap.* 20.

## REGULUS ATTILIUS.

Egulus æternis cumulandus laudibus Heros,
  Facta tulit meritis asperiora suis,
Missus ab hoste domum referens hostile petitum,
  Sed Patriæ in damnum, ne stipuletur agit,
Ad data verba redit, sistens se se hostibus vltro
  Sic hosti & Patriæ fidus vtrinque fuit:
Mox arcâ introrsum clavata includitur; & post
  Palpebris mutilus vir vigilando perit.

*Gellius cap. 6. lib. 6.*

### Regulus Attilius.

Wie hart stirbt Regulus
    Ins Faß einwärths verschlagen/
Mit tausend Nägl-Spitz
    Müst er geweltzt sich plagen/
Wird endtlich g'henckt an d'Sonn
    Mit zuegenähten Lippen/
Da stirbt der theure Mann/
    Verdorret biß an d'Rippen.

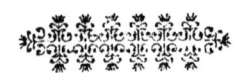

# Vnterschiedliche Todts-Gattung. 135

In omni loco oculi Domini contemplantur bonos & malos. *Prov. cap.* 15.

Die Augen deß HErrn schauen an allen Orthen / bayde / die bösen vnd frommen. *Prov. cap.* 15.

POLY-

## POLYDAMAS.

Polydamas minor est, haud Hercule: pugno
    Cujus ab impacto Taure, Leoque cadis
Indamitis abreptus equis medio impete currus,
    Sistitur, iniecta quam tenet ille manum
Tandem cum solitis, cesset dum lætus amicis,
    En Cancræ fornix solvitur, atque cadit,
Viribus ille audax, vult sustentare ruinam;
    E reliquis solus pondere victus obit.

*Val. Max. lib. 9. cap. 12.*

### Polydamas.

Polydamas hat dir/
    Nichts Hercules nachgeben/
Bracht Löwen/ wilde Thier/
    Mit blosser Faust ombs Leben:
Hält mit im vollen Lauff/
    Auch nur mit einer Hand/
Die Pferdt sambt Wagen auff/
    Vnd brachte sie zum Stand:
Ein Gwölb ob ihm fiel ein/
    Er wolts/ kundts nicht auffhalten/
Das must sein Grabe seyn/
    Erdruckt hats disen Alten.

# Vnterschiedliche Todts-Gattung. 137

Meliorem esse sapientiam fortitudine.
*Eccl. cap.* 9.

**Weißheit ist ja besser dann Stärcke.**
*Eccl. cap.* 9.

S SENE-

## SENECA.

Non potuit melior Seneca Præceptor haberi,
    Discipulus peior nemo Nerone fuit:
Pro curæ mercede datur Senecæ optio martis
    Cogitur & fato, quo velit ipse mori:
Is Calidis insedit aquis, venasque secari
    Jussit ita effluxit vita cruorque simul:
Illa lupum lactabat ovis, docet iste Neronem,
    Cura repensa pari, præmio vtrique fuit.

*Suetonius.*

### Seneca.

Ein Maister der so grecht/
    Alß Senec war zufinden:
Kein Jünger war so schlecht/
    Wie Nero zu ergründen:
Dem ließ für brauchten Fleiß/
    Ihm gäch den Todt ankünden/
Doch soll er ihm die Weiß/
    Zu sterben selbst erfünden/
Er sitzt ins Bad ohn Grauß/
    Laßt etlich Ader springen/
Das edle Blut sich auß/
    Der Todt da ein thet dringen:
Der Senec den Nerón,
    Den Wolff ziechts Lämpel auff/
Beyde vmb gleichen Lohn/
    So ist der Welte Lauff.

# Unterschiedliche Todts-Gattung. 139

In Tempore tribulationis permane fidelis.
*Eccl. cap.* 22.

In der Noth vnd Angst / wann es ihm übel geht / bleib
getreu an ihm. *Eccl. cap.* 22.

S 2        DIR-

## DIRCE.

Antiopæ turpi quod captus amore maritus,
 Dircææ Zelus diſſimulare nequit.
Cornibus Antiopen taurinis alligat: at mox
 Matri adſunt nati, & dum geruit illa iuvant.
Zetus & Amphyon Taurina ad cornua Dircen
 Vltores ſceleris, pro genitrice ligant,
Sic miſera extincta eſt, aliam vt mors ipſa volebat,
 In proprium recidit pœna reperta caput.

*Propert. lib.* 3.

### Dirce.

Dircæa ja nicht kan/
 Vor Eyfferſucht verſchmertzen/
Ein andre das ihr Mann/
 Mit Liebe ſoll ombhertzen:
Zu rechen diß an ihr/
 Ein newe Weiß erfunde/
Vnd ſie eim wilden Stier/
 Feſt an die Hörner bunde:
Gleich wahren ihre Söhn/
 Vnd löſsten ſie darvon/
Vnd bunden Dirce hin/
 Statt ihrer Mutter dran/
Auff d'Weiß ſo ſie erdacht/
 Ein andre vmbzubringen/
Ward ſie ſelbſt vmgebracht/
 Schmidt ſelbſt ihr Todtes Klingen.

Omnes

Omnes qui acceperint gladium, gladio peribunt.
*Matth. cap.* 26.

Dann wer das Schwerdt nimbt / der soll durchs Schwerdt vmbkommen. *Matth. cap.* 26.

## PORTIA.

Quod fuerit Bruto consors fidissima mortis,
 Portia non solito monstrat amata modo:
Tristia sublati vix legit fata mariti,
 Fata sibi arrepto mox pugione parat:
Commovamur ait pariter qui viximus ante
 Stricta at amicorum subtrahit arma cohors:
Quid facit? ardentes avido vocat ore favillas,
 I, dicens ferrum turba molesta nega.

    *Plutarch. & Martial. lib.* I. *Epist.*

### Portia.

Kaum Portia vom Todt
 Ihrs Brutti lest das Schreiben/
Ergriff sie auch den Dolch/
 Wolt nicht beym leben bleiben/
Als diß die Freund verwöhrt/
 Faßt sie erst grössern Muth/
Und frisset häuffig ein/
 Vom Hert die frische Glut.

( o )

Modi-

# Vnterschiedliche Todts-Gattung. 143

Modicum plora supra mortuum, quoniam requievit.
*Eccl. cap. 22.*

Man soll nicht zu sehr trauren über den Todten / dann er ist zur Ruhe kommen. *Eccl. cap. 22.*

MES-

## MESSORES.

Illud adhuc memorans Messorum Alemania narrat,
   Grande, quod vlta fuit, pæna superna, scelus:
Cælesti Altaris pasti dape, reddere grates,
   Munere pro tanto non meminêre viri,
Turpia quin potius, fuerant mox verba locuti,
   Hinc subito irato fulmen ab axe cadit:
Examinatque omnes ( mirum ) qui singuli eodem
   Ante prout steterant dêinde stetère loco.
*Sauberti* Bußspiegl *Danielis conc.* 28.

### Schnitter-Burst.

Noch jene Laster-That/
   Hat Teutschland nicht vergessen/
So da gewaget hat/
   Ein Schnitter-Burst vermessen/
Die nach dems vom Altar/
   Die Göttlich Speiß genossen/
Darumb nicht danckbahr war/
   Nur tribe gaile Bossen:
Darauff die Göttlich Rach/
   Dann sich erzeigte gleich/
Ein Blütz vom Himmel g'schach/
   Mit sambt dem Donnerstreich:
Der sie entseelt zumahl/
   Vnd gantz zu Aschen brandt/
Doch blibens stehen all/
   Jeder an seinem Stand.

Domi-

# Vnterschiedliche Todts-Gattung. 145

Dominum formidabunt adverſarij ejus, ſuper ipſos in cæ-
lis tonabit. 1. *Reg. cap.* 2.

Vor dem HErrn werden erſchrecken ſeine Widerſacher/
vnd über ſie wird er donnern im Himmel.
1. *Reg. cap.* 2.

T  JA CO-

## JACOBUS VOINITSCH.

AN melior Voynitsh milesve latrove Croata,
 Lis manet: eximiè primus & alter erat:
Qui quod bissenas Comiti succenderit arces,
 Non procul à Gazga flumine forte sitas,
Illius & raptam Turcæ paulo ante sororem,
 Vendiderit: positis prenditur insidiis.
Atque veru infixus lento circumdatur igne,
 Sic miser assatus vociferando perit.

*in Croatia.*

### Jacobus Voynitsch.

Zwar Voynitsch der Crabath/
 Ist g'west sein gantzes Leben/
Ein wackerer Soldat/
 Ein Mörder doch darneben/
Zwölff Schlösser er auß Haß/
 Eim Graffen abgebrändt/
Sein Schwester über das/
 Dem Türcken in die Händt/
Verkaufft zum Venus-Brauch/
 Der Graff stölt heimlich Wacht/
Die ihn in kurtzem auch/
 Künstlich ins Nötz gebracht:
Die Straff so dann war diß/
 Auffs Mörders Lasterthatten/
Er wardt an einem Spiß/
 Langsamb beym Feur gebratten.

## Unterschiedliche Todts-Gattung. 147

In diem perditionis servatur impius, & ad diem furoris
ducetur. *Job. cap.* 21.

Der Böse wird behalten an den Tag deß Verderbens / vnd
auff den Tag deß Grimmens wird er bracht werden.
*Job. cap.* 21.

T 2             HAT-

## HATTO EPISCOPUS.

Um fame preſſi inopes peterent alimenta, recludi
  Horreo inani omnes impius Hatto iubet,
Comburique ſimul miſeros: plorantibus illis
  Præſul ait, mures qualiter ecce ſtrepunt?
Protinus innumeris prorumpunt vndique mures,
  Angulus & plenus muribus omnis erat:
Is fugit: illi inſtant, vadit, quocunque ſeqvuntur,
  Donec conſumptus muribus Hatto fuit.

*Seb. Münſt. Coſm. l. 5. c. 162. f. 877.*

### Hatto der Biſchoff.

In höchſter Hungers Noth /
  Die Armen z'ſam getretten /
Vnd g'ſchryen vmb das Brodt /
  Ihr Leben zueretten:
Hatto ſie all zuſamb /
  Laſt in ein Scheuren ſchlieſſen /
Vnd ſtecken drein die Flamm /
  Das ſie verbrinnen müſſen:
Als ſie nun ihr Geſchrey /
  Kläglich gehn Himmel ſchwingen /
Sagt lachend er: Ey! Ey!
  Hört wie die Mäuſe ſingen:
Gleich kamen (grechte Rach)
  Vnzalbahr Mäuß vil dar /
Die ſetzten ihm ſtetts nach /
  Biß in den Rhein ſo gar:
Er flohe hin vnd her /
  Die Mäuß doch gantz vermeſſen /
Ihn biſſen immer mehr /
  Biß ſie ihn gar gefreſſen:

Qui

# Unterschiedliche Todts-Gattung. 149

Qui tollit ab amico suo misericordiam, timorem Domini dereliquit. *Job. cap. 6.*

Wer Barmherzigkeit seinem negsten Freund nicht beweiset / der verläst deß Allmächtigen Forcht *Job. c. 6.*

## OPPIA VESTALIS.

Sacra fuit custos Vestalis Oppia flammæ,
Et propriæ custos Virginitatis erat:
Illa tuebatur divam sat sedula flammam,
Incauta at famam prodigit ipsa suam:
Fit subito veneris, quæ Vestæ erat ante sacerdos,
Fit meretrix, fuerat quæ sacra Virgo prius:
Tanta hæc mox luitur divinæ injuria Vestæ,
Obruta debet humo viva sepulta mori,

*Livius.*

### Oppia Vestalis.

Oppia der Vestæ /
Zum Ehrndienst verpflicht /
Verwahrt die heilig Flamb /
Sich aber selbsten nicht /
Verkost das Venus Gifft /
Lebendig in die Erden /
Man sie vergrueb / vnd must
Dem Todt zum Raube werden.

# Vnterschiedliche Todts-Gattung. 151

## Te ipsum castum custodi.
### 1. Tim. cap. 5.

### Halt dich selber Keusch.
### 1. Tim. c. 5.

A M-

## AMPHIARÆUS VATES.

Ille futurorum præstans Amphiaraus augur,
    Thebana interitum scit fore in vrbe suum,
Ergo domi latitans Thebas cavet anxius: at vi
    Cogitur ad Thebas prælia cæpta sequi,
Fortiter oppositas ibi dum decertat in hostes,
    Vt decet egregium, qui gerit arma virum,
Ecce tibi immani terræ sorbentur hiatu
    Intereuntque simul, currus, & ille, & equi.

*Propert. lib.* 2.

### Amphiaræus der Warsager.

Weil Amphiar was künfftig war /
    Durch seine Kunst vor wuste /
Vnd g'spühret hat / daß Theber-Statt /
    Sein Vndtergang sein muste /
Drumb er gar arg / sich z'Hauß verbarg /
    Nur Theber-Statt zu fliehen /
Must doch auß Zwang / ob ihm schon bang /
    Dem Theber-Krieg nachziehen:
Alda er dann / wie Tapffrer Mann /
    Sich tumblet braff in Waffen /
Vnd gab allzeit im Gegen-Streit /
    Seim Feind in d'Haut zuschaffen /
Zu einer Stund / ein tieffer Schlund /
    Sich öffnet in die Erden /
Der schlicket ihn / da war er hin /
    Mit Wagen / vnd mit Pferdten.

Vnterschiedliche Todts-Gattung. 153

Omnis Caro fænum, & omnis gloria ejus quasi flos agri.
*Esai cap.* 40.

Alles Fleisch ist Graß / vnd all sein Herrligkeit ist wie Feld-
Blum. *Esai. cap.* 40.

V          DRA-

## DRACO.

THunisam quandam., cum Rex obsederat vrbem,
    Byrseni circum depopulatur agri,
Castraque fixisset Pagradam prope nobile flumen,
    Immanis latuit cujus in amne Draco:
Multi ex militibus, non sunt in castra reversi,
    Pogradias qui jerant, vt biberent ad aquas
Quippe à terrifico periêre Dracone vorati,
    Occisus posthæc, & fuit ipse Draco.
*A. Gell. lib. 6. cap. 3.*

### Der Track.

Als Thunsa ward / belagert hart /
    Mit Feindes Macht eing'spörret /
Byrsener Land mit Raub vnd Brand /
    Auch damals gantz verhöret:
Darvon ohng'fehr pflegt in das Meer /
    Der Pograd-Fluß zu schwallen /
Jne iner Lack ein grosser Track /
    Zu negst dabey thet stallen:
Als nun die Burst vor grossem Durst /
    Gedachtem Fluß zuegangen /
Man keinen mehr zu ruck ins Heer /
    Auß ihnen sah gelangen:
Dann sie gestrack / der schröcklich Track /
    All ymbgebracht / vnd g'fressen /
O theurer Trunck / nach mein Bedunck /
    Verlaidt er wohl das Essen.

# Unterschiedliche Todts-Gattung. 155

Repente flavit in eos, & aruerunt.
*Esai. cap.* 40.

Dann so bald er sie nur angeweht hat/ seynd sie verdorret.
*Esai. cap.* 40.

## PERILLUS.

E Cypro Taurum fabricaverat ære Perillus
    Insolita vt Phalaris torqueat arte reos;
Hæc nova maiori dedit instrumenta dolori;
    Primus at infelix imbuit author opus:
Scilicet à Siculo petiit dum digna Tyranno
    Præmia, quæ jactans se meruisse putat,
Digna dabo: dixit, pro invento præmia Tauro,
    Inclusus Tauro hoc, ipse cremère prior.

*Plin. cap. 8. lib. 34.*

### Perill.

Vff newe Weiß/ auß Glocken-Speiß/
    Perill ein Ochsen gossen/
Damit er den/ erhützt verbrenn/
    So wurd darein verschlossen:
Der Ochse zwar gekünstlet war/
    Zur Peyn den Malefitzen;
Doch der ihn g'macht/ vnd hat erdacht/
    Der erst darin müst schwitzen:
Dann als den Lohn/ er vom Tyrann/
    Für seinen Fund begehrte/
Muest er hinein/ der erste seyn/
    Auff ihn nichts bessers g'hörte.

Qui ruina lætatur alterius, non erit impunitus.
*Prov. cap.* 17.

Wer sich eines andern Unfals frewet/ wird nit ungestrafft
bleiben. *Prov. cap.* 17.

## MAXENTIUS.

Dum Constantinum contra Maxentius arma
 Movit, & in celerem est pulsus ab hoste fugam:
Inde fuga peteret dum vrbem trepidante Quirinam
 Per pontem à Milvo, qui sibi nomen habet:
Pondere pons nimio, peditumque equitumque gravatus
 Corruit, & Maxens flumine sorptus obit.
Ante pridem meritum, qui sorte effugerat ignem:
 Tanta luit tandem crimina mersus aquis.
*Aur. Vict. de Cæs. & in Epit. de vita Const. lib. I. cap. 3.*

## Der Maxentius.

Als der Maxentius
 Dem Käyser Constantin,
Nachsetzte ohn Verdruß/
 Durch Krieg wolt richten hin/
Hats Glück als anderst wollen/
 Constantin überwand/
Daß Marentz müst verstollen/
 Fliehen mit Spott/ vnd Schand:
Eylt nach der Stadt Quirin,
 Alldort zu suchen Hülff/
Die Bruck brach mit ihm ein/
 Versenckte ihn in Milu.

# Vnterschiedliche Todts-Gattung. 159

Deposuit potentes de sede. *Luc. cap.* 1.

**Er hat abgesetzt die Gewaltigen von dem Stuel.**
*Luc. cap.* 1.

ME-

## METIUS.

Nonne tuus quondam; fateare Albania Princeps,
　　Metius horrenda, morte peremptus erat?
Cum sacra Romanis, iurasset fœdera pacis,
　　Fœdera mox iterum ruperat arma movens.
Hostibus atque Diis exhinc exosus, & ultus,
　　Post brevi in hostiles incidit ille manus:
Perfidiæ variis, mox in diversa quadrigis
　　Distractus geminum solverat inde scelus.

*Liv. lib. 1. cap. 29.*

## Metius.

Dir ist bekandt / Albaner-Land /
　　Wie's Metio ergangen:
Was für ein Lohn / der falsche Mann /
　　Für sein Maynaid empfangen:
Er hat den Frid / den Römern mit
　　Eim theurem Ayd versprochen /
Nach kleiner Zeit aber allbayd
　　Den Frid / vnd Ayd gebrochen /
So groß Vntrew / bracht GOtt ein Scheu /
　　Thet sehr die Römer beissen /
Die liessen bald gebracht in G'walt /
　　Jhn von vier Pferden zreissen.

# Vnterschiedliche Todts-Gattung. 161

Pacem sequimini cum omnibus, & sanctimonaim.
*Hebr. cap.* 12.

Fleisset euch deß Frieden gegen jederman / vnd der Heiligung. *Hebr. cap.* 12.

## TEUTEBERTUS.

Rex Teutebertus cervum infectatus, in antro
    Sylvestrem reperit fonte, pavetque bovem:
Rex vt eum effugiat, ludatque furore sequentem,
    Post veterem quercum currit, ibique stetit:
Fronte sed impavida repetito sæpius ausa,
    Oppositam quercum bestia sæva petit
Decidit hinc fractus concussâ ex arbore ramus,
    Quo rex mortifero vulnere læsus obit.
        *Joh. Ludo. Gottfri. Chro. Part. 5. fol.* 418

### König Teutebert.

Ein Gwilde setzte nach/
    König Theodebert/
Ein vnverhoffte Sach/
    Jhn gähling widerfährt/
Ein wilder Ochs daher/
    An ihm gantz grümmig rennt/
Darob erschrack er sehr/
    Wust nicht woauß so b'hend/
Hinter ein Aiche groß/
    Er sich zu schützen stelt/
Der Ochs so starck dran stoß/
    Daß er zuruck geprelt/
Durch diß ein alter Ast/
    Vom Baum gebrochen ab/
Den König traff so fast/
    Daß er den Geist auffgab.

## Vnterschiedliche Todts-Gattung. 163

Hesterni quippè sumus, & ignoramus, quoniam sicut
verba dies nostri super terram.
*Job. cap.* 8.

Denn wir seynd von gestern her/ vnd wissen nichts/ denn
vnser Leben ist wie ein Schatten auff Erden.
*Job. cap.* 8.

TEU-

## TEUTONICUS.

Teutonicus nomen, qui dux sortibus ab urso,
    Ac scelere omnigeno plenus Agazo fuit,
Impius haud Numen, mortemve, stygemve timebat,
    Arte malâ à quovis, vulnere tutus erat:
Teutonico hunc bello, tandem cæpêre Croatæ,
    Nil in eum at Sclopis, nil frameisque valent:
Terræ ergo in fossi caput (haud magicâ arte juvante)
    Mox tormentorum comminuêre globis.

*Harsd.* der greſſe Schaublatz. *par. 2. cap. 70.*

### Agazo.

Ein Obriſt Teutſches Bluts /
    Agaz gnant von Peeren /
Von dem als böß / nichts guets /
    War überal zu hören:
Dann Höll / vnd Himmel er /
    GOtt / vnd Todt nur verlachte /
Stain vöſt vor allem G'wöhr /
    Durchs Teuffels Kunſt ſich machte /
Durch der Crobathen Wütz /
    War gfangen diſer Höchten /
Als an ihm aber G'ſchütz /
    Vnd Sabel nichts vermöchten /
Grueben ſie diſen Tropff
    In d'Erden biß an Kragen:
Vnd theten ihm den Kopff /
    Mit Stuck-Kuglen zerſchlagen.

## Vnterschiedliche Todts-Gattung. 165

Repurgabit enim quasi paleas ferrum, & quasi lignum
putridum, æs. *Job. cap.* 41.

Er achtet Eysen wie Stroh / vnd Aertz wie faull Holtz.
*Job. cap.* 41.

X3        BASI-

## BASILIUS.

NIl stabile in mundo est, nil sceptris, nilque coronis
   Fidendum; quemvis nam sua fata manent:
En quæ, te Basili mortis lachrimosa figura
   Sustulit è medio, Cæsar honore joco:
Bis vbi jam denos tenuisses sceptra per annos,
   Cervus & è vita, te rapit atque throno:
Hunc dum persequeris, cornu te prendit, & auffert,
   Quo te non poterant sceptra thronúsve sequi.
*Joan. Ludo. Gottfrid. Chro. Part. 5. fol.* 471.

### Basilius.

Trau weder Cron / noch Thron /
   Nichts sicher ist auff Erden /
Was GOtt bestellt voran /
   Muß einem jeden werden /
Was hat Basili dich /
   Du glücklicher Regent /
Für Vnglück jämmerlich /
   Vnd gähling angerennt?
Als du nun zweinzig Jahr /
   Die Käysers Cron getragen /
Vnd einßmals ohngefähr /
   Ein Hirschen theft nachjagen;
Der Hirsch sich gähling wendt /
   Vnd faßt dich mit dem Gweich /
Der machet dir ein Endt /
   Was hülfft dich Cron / vnd Reich?

## Unterschiedliche Todts-Gattung. 167

Iste moritur robustus, & sanus.
*Job. cap.* 21.

Diser stirbt frisch / vnd gesund.
*Job.* cap. 21.

OKIT-

## OKITCHIANA.

SOl nec adhuc cursu, lustrum properante peregit,
   Mors quod ad Okitchim edita rara fuit:
Vir fuit, hic famulam furti, insimulaverat unam,
   Sive insons fuerit, nescio sive rea:
Ante domum ad palum hanc hyemali nocte ligatam,
   In pænam gelidâ, tam diu inundat aquâ,
Donec eam glacie, concretam herus ille peremit,
   Hæc merito dici frigida mors potuit.
                      *In Croatia.*

### Okhürchen.

Noch fünffmal nicht / den Lauff verricht /
   Die Sonn mit ihrem Wagen;
Daß sich ein That z'Okhürchen hat /
   Gantz seltzamb zugetragen:
Sein Magd ein Mann / gfast in Argwohn /
   Als ob sie was entragen /
Ob nun die Magd / solch That gewagt /
   Kan ich für gwiß nicht sagen:
Doch nahm er die / vnd bunde sie /
   Im Winter an ein Pfahle /
Nackend / vnd bloß / vnd sie begoß /
   Mit Wasser sovil mahle /
Biß sie zu Eyß / auff solche Weiß /
   Ertödtet gantz gefrohren /
Da gwiß nicht hat / sein Prædicat,
   Der kalte Todt verlohren.

Anima viri impij desiderat malum, non miserebitur
proximo suo. *Prov. cap.* 21.

Die Seele der Gottlosen wünscht arges / vnd ist dem
Nechsten nicht barmherzig.
*Prov. cap.* 21.

## ASCLEPIADES.

Iure Asclepiadem lachrymata est prisca vetustas,
  Olim qui medica, summus in arte fuit:
Funere jam elatos etiam (si credere fas est)
  Creditus est vitæ reddere posse viros:
Attamen occiduæ ducens jam lustra senectæ
  Per scalas gradiens decidit inde senex:
Decidit, & longæ disrupit stamina vitæ,
  Arte sua redijt, non redivivus adhuc.

*Plin. lib. 7.*

### Asclepiad.

Antz billich hat Asclepiad
  Groß Layd gebracht den Alten:
Als welche ihm / in ihrem Sinn /
  Für einen Abgott g'halten:
Ja daß er sey / der Artzeney /
  So kunstreich (wer es glaubet)
Der durch ihr Macht / zum Leben bracht
  Die / der Todt schon geraubet;
Als diser Greiß / nun Tauben-weyß /
  Die Stiegen eingefallen /
Vnd dazumahl durch schweren Fahl
  Brach Hals / vnd Hiren-Schalen;
Vil glaubten frey / durch sein Artzney /
  Werd er sich selbst beleben /
Aber vmbsonst: biß heunt sein Kunst /
  Noch dise Prob nicht geben.

## Vnterschiedliche Todts-Gattung. 171

Vigilate, quia nescitis qua hora Dominus vester venturus sit. *Matth. cap.* 21.

Darumb so wachet / dann ihr wisset nicht / welche Stund ewer HErr kommen wird.
*Matth. cap.* 21.

## IN PELLIBUS.

Furtim suppositis Roma arserat inclyta flammis
　　Author habebatur suspicione Nero:
Ecce quid hic faciat, Geticis crudelior ursis,
　　Tali ut se purget suspitione Nero;
Christicolis falso incensæ scelus imputat vrbis,
　　Ac dirâ interimi morte plerosque jubet:
Pellibus insutos variarum quippe ferarum,
　　Ut discerpantur, proijcit ante canes.

*Suet. in Neron. cap.* 38.

### In Häuten.

Da die Statt Rom / in voller Flamm
　　Gepraſſelt / vnd gebrunnen /
War der Vermuth / durch glegte Glut
　　Hab Nero diß angſpunnen /
Daß diſen Wahn / der greulich Mann /
　　Künſtlich von ſich abkehre;
Ein ſolche That er ſiubet hat /
　　Drob grauſen trueg ein Bere:
Gantz falſchlich zwar / der Chriſten Schaar /
　　Er diſe Brunſt auffdichtet /
Vnd ſie dann auch / nach ſeinem Brauch /
　　Gantz jämmerlich hinrichtet /
In rohe Häut / der Thier / die Leuth /
　　Soviel er Chriſten g'funden /
Einmachen hieß / vnd werffen ließ /
　　Zum z'reiſſen vor den Hunden.

In patientia vestra possidebitis animas vestras.
Luc. cap. 21.

Jn ewerer Gedult werdet ihr besitzen ewere Seelen.
Luc. cap. 21.

DEMO-

## DEMOCLES.

Um Democlem ad turpes raperet Demetrius actus,
   Vidit, & effugium, non superesse puer:
Quo se transfigat circumspicit undique ferrum,
   Quo se præcipitet, quærit ubique locum:
Cui caput illidat nullus sese angulus offert,
   Denique quo evadat, nil habet ille, probrum:
Cernit aquis plenum ferventibus ergo lebetem,
   Insilit has, & sic, ne violetur obit.

*Joan. Rav. Text. Offi. lib.* 2. *cap.* 98. *fol.* 210.

### Democles.

Zum Venus Brauch / der gaile Schlauch /
   Demetrius wolt haben /
Den Democlen, den fein / vnd schön /
   Den wunder-keuschen Knaben /
Der vmb ein Wehr / schaut hin vnd her /
   Darmit sich vmbzubringen /
Kein Fenster hoch war / oder Loch /
   Durch solches abzuspringen;
Kein Eck / noch Wand / er irgend fand /
   Den Kopff dran zu zerstossen /
Kein Mittel war in diser Gfahr /
   Zu fliehen geille Bossen:
Hört Wunderthat / im selben Badt /
   Ein Gschier voll Wasser sotte /
Stürtzt sich da drein / vnd sturbe rein /
   So er seins Buelers spotte.

Patientia autem vobis necessaria est, ut voluntatem Dei
facientes reportetis promissionem.
*Hebr. cap.* 10.

Gedult aber ist euch vonnöhten / auff daß ihr den willen
GOttes thut / vnd erlanget die Verheissung.
*Hebr. cap.* 10.

## JORDANUS.

PRomisit Siculo fors uxor adultera Mæcho,
 Conjugis Henrici sceptra thronumque sui:
Sceptra, thronum, diadema sitit Jordanus adulter,
 Quærit adulterio, quod probitate nequit:
Cæsar eum prendit, ferrato deinde reponit,
 Totus qui apposito canduit igne, throno:
Tempora circum etiam redimit candente Corona:
 Illius extincta hoc, vita, sitisque modo est.

*Arnold. lib. 5. cap. 1.*

### Jordanus.

Scepter / vnd Kron / versprochen schon /
 Käyser Heinrichs sein G'mahel /
Ein andern Mann / getriben an /
 Durch geilen Liebes-Stahel /
Nach Thron / vnd Kron / durst den Jordan /
 So war deß Buelers Titl /
Weil er nun dran / mit Recht nicht kan /
 Sucht ers durch Laster-Mittl /
Dem Käyser kund / es wurd zur Stund /
 Er ihn befahl zu holen.
Vnd setzen an ein eysen Thron /
 So glüend stund auff Kolen /
Ein glüende Kron ans Haubt hinan /
 Er ihm auch setzen liesse /
Sch hin Jordan / nach Kron / vnd Thron /
 Dein langen Durst nun büsse.

Quid ergo prodeſt ei, quòd laboravit in ventum.
*Eccleſ. cap.* 5.

Was hülfft es ihn dann / daß er in den Wind gearbeitet
hat. *Eccleſ. cap.* 5.

## SERVIUS.

TUllia jam proprium vitam exuit ante maritum,
  Lucij ut illicito possit amore frui:
Ambit in hunc sceptrum, & patriam transferre coronam,
  Illius hinc perimi jussit, & ense patrem:
Occisus mediâ jacuit Pater inde platèâ,
  Quando illac curru filia carpsit iter:
Horror equas stiterat; magis illa, sed instat, & urget,
  Itque supra proprium sic tygris ista patrem.

*Flor. lib. 1. cap. 7.*

## Servius.

Aß frey / vnd froh ihrs Lucio /
  Nur Tullia könnt genüssen /
Hat ehe voran / ihr rechter Mann /
  Durch Gifft vmbkommen müssen:
Dem Buler dann ihrs Vatters Cron /
  Auffs Haubt hinumb zu setzen:
Schafft sie / vnd wolt / der Buler solt /
  Den Vatter auch auffmötzgen /
Das g'schah zu Tag; der Vatter lag /
  Schon todter auff der Gassen /
Als sie sich gleich / schnell sporen-streich /
  Zum Buler fähren lassen;
Die Pferdt stehn still / keins weiter will /
  Sie schreyt / sie treibts / anstrenget /
Fort voll Begühr / diß Tyger-Thier
  Vber den Vattern sprenget.

## Unterschiedliche Todts-Gattung. 179

Non des mulieri potestatem animæ tuæ, ne ingrediatur
in virtute tua, & confundaris.
*Eccles. cap.* 9.

Laß dem Weib nicht Gewalt über dich / daß sie nicht dein
Hertz werd / vnd dich zu schanden mach.
*Eccles. cap.* 9.

## CYRSILUS.

Bellum inter Persas, Græcósque exarsit: Athenas
  Difficili Xerxes obsidione premit.
Civibus hoc concors, proprijs prius ignibus urbem,
  Perdere, quàm Persis cedere, fædus erat:
Cyrsilus, ut populi, Patriæque salutis amator,
  Consuluit se vel dedere, vel fugere:
Protinus obruitur cum prole, & conjuge saxis,
  Duci consilio plebs furiosa nequit.

*Joan. Lud. Gottfri. Chro. part. 2. f. 115.*

### Cyrsilus.

Als Xerxis Heer / Athen nunmehr /
  Thät allerseits vmbringen:
Als die sehr poch / vnder das Joch /
  Die stoltze Statt zuzwingen:
Ein festen Bund / schwuren zur Stund /
  Die Burger all beym Leben:
Ehe allesamb der Feuer-Flamb /
  Als Xerxi auffzugeben:
Als allgemach Cyrsilus sah /
  Die eussrist Noth anziehen /
Gab er den Rath / man soll die Statt /
  Auffgeben / oder fliehen:
Gleich ihn mit Stain die gantze G'main /
  Sambt Weib vnd Kind thät tödten /
Dann guter Rath / ist schon zu spatt /
  Wo niemandt sich will retten.

# Unterschiedliche Todts-Gattung. 181

Expedit magis ursæ occurrere raptis fœtibus, quàm fatuo confidenti sibi in stultitia sua.
*Prov. cap.* 17.

Es ist besser eim Beeren begegnen / dem die Jungen geraubt seynd / dann einem Narren / der sich verläst auff sein Narrheit. *Prov. cap.* 17.

## SEGNIENSIS.

SEgniaci exierat puer hospitis unus ad hortum,
 Vix quadringentis passibus urbe procul;
Prendit eum subito prægrandi corpore serpens,
 Qui fuit & caudas visus habere duas,
His veluti binis miserum implicat undique spiris,
 Atque venenato dente, halitúque necat,
Deinde suum reperit genitrix mæstissima natum,
 Tot tamen ex monstri morsibus exanimem.

*In Dalmat.*

### Segniensis.

Jn Zenger-Statt / ein Knab sich hat /
 Etwas hinauß begeben /
Vierhundert Schritt / vil weiter nicht /
 Da kostets ihm sein Leben /
Ein Schlangen groß / gäh daher schoß /
 Mit zwen gar langen Schwaissen /
Erschröcklich sehr baumbt sie daher /
 Mit zitschen / vnd mit pfeiffen /
Sie sprang in ihn mit Vngestümm /
 Vnd gleichsamb gantz einschnürte /
Sie truckt ihn sehr / biß immer mehr /
 so lang er sich nur rührte /
Er starb dahin / sein Mutter ihn /
 Zwar hat hernach gefunden /
Aber schon todt / erbarm es GOtt /
 Gantz voller Gifft vnd Wunden.

Sed

# Vnterschiedliche Todts-Gattung. 183

Sed & serpens erat callidior cunctis animalibus terræ.
Genes. cap. 3.

Vnd die Schlang war listiger denn alle Thier auff Erden.
Genes. cap. 3.

## CAPITANEUS.

Magnus Alexander, Thebenam cæperat urbem,
 Illius occidit, tunc Timoclea Ducem.
Ille pudicitiam castæ violaverat; & quò
 Thesaurum abdiderat, dicere deinde jubet:
Quæ placida justum retinens sub fronte dolorem,
 Cisternam monstrans, hic ait omnis inest:
Dúmque inde inspexit, pedibus retro illa levatum,
 Cisternæ immittens, fraude, petrisque necat.

*Justin. lib.* 11. *cap.* 3.

### Haubtman.

Als Theber-Statt / der Potentat /
 Auß Macedon eingnommen /
Sein Haubtmann ist / durch Weiber-List /
 Der Democle vmbkommen:
Die keusch Matron / der geile Mann /
 Hat spöttlich noth-gezwungen /
Hernach den Platz / wo sie den Schatz /
 Versteckt / zu weisen trungen:
Sie laßt sich ein / vnd stelt sich fein /
 Als thät sie es gar gehrn /
Vnd führt ihn fort / als zu dem Orth /
 Das ware ein Cysteren /
Als er nab sach / nimbt sie ihn gach /
 Von hinterwerths beyn Bainen /
Stürtzt ihn hinab / da war sein Grab /
 Würfft ihn dann z'todt mit Stainen.

Do-

## Unterschiedliche Todts-Gattung. 185

Domus & divitiæ dantur à parentibus: à Domino autem
vxor prudens. *Prov. cap.* 19.

Hauß vnd Güter erbt man von Eltern/ aber ein vernünfftig Weib kombt aigentlich vom HErrn.
*Prov.cap.* 19.

## PICE.

NOn tibi Nero hominum tot millia tecta ferarum
    Pellibus, à canibus dilaniata satis?
Insuper obvolvi lino, pinguedine, cerâ
    Ac pice perfundi, tot scelerate jubes.
Postea eis veluti candelis addere flammam:
    Hocque ut lento homines, igne crementur agis.
Lumina Roma tibi hæc, luxêre, ut sæcula cernant,
    Bellua quàm fuerit sanguinolenta Nero.

*Euseb. hist. 2. cap. 24.*

### Mit Bech.

HAst Nero dann / nicht gnug daran /
    Daß du die Peyn erfunden:
Die Christen-Leuth / in Thürzen Häut /
    Zerreissen ließt von Hunden?
Auch vil im Flachs g'wucklet mit Wachs /
    Vnd Pech last überrinnen /
Wie Kertzen dann sie zünden an /
    Vnd allgemach verbrünnen:
Heists Abend spatt / sie in der Statt /
    Auff alle Plätz außtheilen /
Da brennen sie / da leuchten sie /
    Mit Jammer-G'schrey / vnd heilen /
Wist ihr villeicht / warumb sie gleucht /
    Daß alle Welten lesen
Kundten darbey / was Nero sey /
    Für Greuel-Thier gewesen.

Vasa

# Vnterschiedliche Todts-Gattung. 187

Vasa figuli probat fornax : & homines justos tentatio tribulationis. *Eccles. cap.* 27.

Die Geschier deß Haffners werden im Ofen bewehrt / der gerecht Mensch in der Anfechtung vnd Versuchung der Trübsal. *Eccles. cap.* 27.

## IN PATIBULO.

Innumeræ fures nequeunt compescere pœnæ,
   Mille licet furcas, mille patibla struas:
Hos alibi infami suspendunt arbore collo,
   Uno alibi, ac alibi rursus utroque pede.
Per costas alibi suspendunt fune, vel unco:
   Imponunt alibi sæpius hosce rotis:
Quidquid agatur adhuc, numero sine furta patrantur:
   Mille licet plectas, furta patrata modis.
In Europ.

### An dem Galgen.

Es wird niemahl / der Straffen-Zahl /
   Die Dieb genug erschröcken:
Galgen vnd Creutz / thue allerseits /
   Sovil du wilst auffstöcken:
Von diser Schaar / auffhenckt man zwar /
   Beym Hals die / die beyn Füssen:
Bey einem den / disen bey zween /
   Daß sie nur schwär gnug büssen:
Mit Haggen hie: mit Stricken die
   Man auffhenckt bey der Seiten /
Ja vil man hat / gelegt ans Rad /
   Von disen schlechten Leuthen:
Man strafft es ja hoch / so kan man doch /
   Die Diebstahl nicht abschaffen:
Erdenck mit Fleiß / noch tausent Weiß /
   Der allerärgsten Straffen.

## Vnterschiedliche Todts-Gattung. 189

Qui furabatur, jam non furetur.
*Ep. 5. ad Eph. cap. 4.*

Wer gestolen hat / der stele nicht mehr.
*Ep. 5. ad Eph. cap. 4.*

## IN PALO.

INnumeras quamvis intusque forisque dolores,
    Maturæ vitio, vitáque mórsque ferat:
Usque tamen plures feritas humana dolorum,
    Quotidie species reperit, atque modos:
Quin etiam miseros pallo transfigit acuto,
    Perfidiæ si quos comperit esse reos,
Illi humero, huic collo, huic per synciput exit acumen:
    Nonnullis palus transit utrumque latus.

*In Ung. & Croat.*

### Auff dem Pfal.

Je groß Zahl / der Schmertz vnd Qual /
    So Todt / vnd Leben häuffen /
Von auß / vnd inn / kan Menschen Sinn
    Zwar niemals gnug begreiffen /
Mehr immer doch der Menschen noch
    Ihr Grausambkeit nachgründet /
Mit grossem Fleiß / vnd neue Weiß /
    Der Peyn / vnd Todt erfindet:
Zu diser Zeit / man gar die Leuth
    Von denen man kan wissen /
Daß sie dem Feind Verräther seynd /
    An g'spitzte Pfäl thut spissen:
Da geht der Pfal / dem manichsmal
    Beym Kopff auß / dem beym Gnücke:
Dem durch die Seit / der stirbt bey Zeit /
    Kans halten für sein Glücke.

*Injusti*

# Unterschiedliche Todts-Gattung. 191

Injusti autem disperibunt simul.
*Psal.* 36.

Die Vngerechte aber werden vertilget mit einander.
*Psal.* 36.

# Ende deß anderten
### Thails.
ANNO M. DC. LXXXI.

# THEATRI MORTIS
## HUMANÆ,
# PARS III.
### Id est:
# VARIA TORMENTA
## DAMNATORUM.

### Oder:
# Schau-Bühne/
## Deß Menschlichen Todts/
### Dritter Thail.

Vnterschiedliche Höllen-Peyn der Verdambten vorgestellet.

---

Gedruckt zu Laybach/ vnd zufinden bey Johann Baptist Mayr/ in Saltzburg/ 1682.

## DÆMON.

At duce me summas lapsa es vagabunda per auras.
Me duce nunc immas ingrediare plagas.
Nempe decent atros hæc præmia tetra labores,
Tales póstque vias talis agenda quies.

## SAGA.

Heu miseram! quanti excipient mea gaudia luctus!
Post libertatem quis mihi carcer erit!

## Der Teuffel.

Ist gnug gefahren hin vnd her /
Auch meiner Flügl gnossen.
Anjetzo bey der Höll einkehr /
Dein Rest wird also b'schlossen.

## Die Hex.

Was schwäre Band vnd grosses Leid
Ein kleiner Wollust bringet!
Auff wenig Däntz / vnd kurtze Freid /
Ach / Weh man ewig singet.

Nolite

# Peyn der Verdambten.

Nolite dare locum Diabolo.
*Ephes. cap.* 4.

**Gebt auch nicht raum dem Teuffel.**
*Ephes. cap.* 4.

## Dæmon.

ÆThera quæ scandit, Superísque abstraxit honores,
　　Nunc cadit ad Stygios, detrahitúrque focos.
Ut gemat in flammis crimen, quod in ore patravit,
　　Dignior hæ fauces sunt, meliórque locus?

## Blasphemator.

ERgo breves plectent æterna silentia voces?
　　Flammea pro verbis flumina & ore fluent.

## Der Teuffel.

DEn Himmel du angriffen hast /
　　Vnd GOtt sein Ehr gestohlen /
Der höllisch Rachen dich nun fast /
　　Jetzt pfeiff auff disen Kolen.

## Fluecher.

D Zung auff ewig bist verlohrn /
　　Durch dich was hab ich g'wunnen?
Nichts / als die Höll / vnd GOttes Zorn /
　　Das heist seyn vnbesunnen.

## Peyn der Verdambten. 197

At qui Blasphemaverit in Spiritum Sanctum, non habe-
bit remissionem in æternum.
*Marc. cap. 3.*

Wer aber den Heiligen Geist lästert / der hat kein Ver-
gebung ewigklich.
*Marc. cap. 3.*

## Dæmon.

Divideris medius, qui sacris, atque profanis,
 Debita partiri tempora nolueras.
Hic lege supplicium, legum contemptor, & osor;
 Sic feriere, sacros ni feriere dies.

### Qui non sane edificavit Festa.

QUàm gravis hìc vetitos compensat pœna labores,
 Et quæ desidiam dona, dolórque manent?

## Der Teuffel.

EIn Vnterschid der Zeit hast g'macht/
 Vnd GOtt nichts lassen g'nüssen/
Wirst darumb von ein ander g'schlacht/
 Vnd must die Vnbild büssen.

### Der keinen Feyrtag nicht geheiliget.

MIt was nassen Feyrtåg/
 Mein Arbeit wird bezallet!
Was grosses Weh/ was Schmertz vnd Klag/
 Mein Trågheit überfallet!

# Peyn der Verdambten. 199

Memento vt diem Sabbati Sanctifices.
*Exod. cap.* 20.

Gedencke deß Sabbath-Tags / daß du ihn Heiligest.
*Exod. cap.* 20.

Dæ-

### Dæmon.

Dura meis posthac manibus tua colla domabo,
  Quæ monitis flecti non potuere Patris.
Tam pia qui quondam laniasti viscera Matris
  Impiè, visceribus nunc spoliare tuis.

### Inobediens.

Huc cecidi (ductus quia sprevi stulta paternos)
  Et lachrymis risus defleo mæsta meos.

### Der Teuffel.

Vff deinen Hals so schwere Burd /
  Dein Vngehorsamb bindet /
Der wider seine Eltern murt /
  So scharffe Richter findet.

### Vngehorsamb.

Ich Gottloß / vngerathnes Kind
  Hab g'spottet meinen Vatter /
Nun werd ich g'metzget / wie ein Rind /
  Vnd angesteckt an Bratte.

## Peyn der Verdambten.

Maledictus qui non honorat Patrem suum, & Matrem suam. *Deut. cap. 27.*

Verflucht sey / wer sein Vatter vnd Mutter vnehret. *Deut. cap. 27.*

### Dæmon.

STipite crudeli latro crudelior hæres,
  Cui teneras plantas sternere lusus erat.
Et qui vix natos rapiebas arbore fructus,
  Hoc tremis in rutilo discruciande feru.

### Latro.

CÆdibus ipse fui vitæ mihi prædo perennis,
  Quæque dedi ferro funera, morte luo.

### Teuffel.

Vff gleiche Thatten man da pflegt
  Ein gleichen Lohn ertheilen.
Der andere mit dem Spitz erlegt /
  Muß in den Spitzen heylen.

### Todtschläger.

Jt frembden Todt mir selbsten ich
  Das ewig Leben gnommen /
Gemachte Wunden / Hib / vnd Stich /
  Auff mich anjetzo kommen.

# Peyn der Verdambten. 203

Qui percusserit hominem volens occidere, morte moriatur. *Exod. cap. 21.*

Wer einen Menschen schlägt / der Meinung ihn todt zu schlagen / der soll deß Todts sterben.
*Exod. cap. 21.*

## Dæmon.

QVi geminas animas, scorti, propriámque necasti,
　　Hanc sceleris poenam latro, & adulter habes.
Nunc tua serpentes exsugunt viscera, nempe
　　Plena venenatis quæ scatuere fibris.

## Adulter.

UT vetitos violâsse thoros rota plectit acerba!
　　Córque thronus Cypriæ quæ modo monstra gerit?

## Der Teuffel.

Uff frembde Näster gflogen bist/
　　In disem Beth nun raste/
Die Krott dein gifftigs Hertz zerfrist/
　　Nach frembden Fleisch jetzt faste.

## Ehebrecher.

EHebruch O grosse/ schwäre Sünd/
　　Hast mir all Glider brochen!
Ein kurtze Freud/ so schlecht vnd gschwind/
　　Schau: wie sie wird gerochen!

## Peyn der Verdambten. 205

Maledictus, qui dormit cum vxore proximi sui.
Deut. cap. 27.

Verflucht sey/wer bey seines Nächsten Haußfrau schläfft.
Deut. cap. 27.

## Tormenta Damnatorum.

### Dæmon.

UNica cui fuerat loculos reseråsse voluptas,
Et vacuas opibus deseruisse domos;
Faucibus elisis clauduntur guttura, quæque
Prædata est alijs, præda sit ipsa Stygis.

### Fur.

DIscite: quanta leves sequitur jactura rapinas;
Quando animæ damnîs nunc luo furta meæ.

### Der Teuffel.

Er frembde Kisten auffgespört /
Auch andere betrogen;
Vor ihm ein solcher Lohn gehört /
Er wird ihm selbst entzogen.

### Der Dieb.

Jngerechtes Gut / wie bist so schwär /
Vnd theuer zu bezahlen.
Wer dir nach geht / der fählet sehr /
Jn solche Händ thut fallen.

Fures

## Peyn der Verdambten.

Fures regnum DEI non possidebunt.
1. Cor. cap. 6.

Dann weder die Diebe werden das Reich GOttes besitzen.
1. Cor. cap. 6.

Dæ-

### Dæmon.

SVpplicium ipsa tibi mendax tua lingua creavit,
  Dúmque vocas alios, te facis ipse reum.
Carpsisti innocuos, nocuos nunc carpimus artus,
  Quámque parasti alijs, hæc tibi pœna venit.

### *Falsus Testis.*

OMnibus heu membris crimen, quod sola patravit
  Lingua, luo; & laceror dentibus ipsa meis.

### Der Teuffel.

Hast manichen falschlich angeklagt/
  Sein Ehr vnd Gut benommen/
Darumb mit Zangen wirst gezwagt/
  Vmb alle Glider kommen.

### Der falsche Zeug.

Falscher Zeug/ gottloser Mund/
  Was bringst du mir vor Schmertzen.
O hast die Warheit gsagt so rund/
  Wie ichs erkenn im Hertzen.

Testis

## Peyn der Verdambten. 209

Testis mendax peribit. *Prov.*
*cap.* 21.

**Ein lugenhaffriger Zeug wird vmbkommen.**
*Prov. cap.* 21.

*Dd* *Dæ-*

### Dæmon.

UNa in carne duos divellere sæve volebas,
 Ut pro delicijs pars foret una tuis.
Impia vota luis, fiſsóque in corpore ſentis,
 Quam grave velle ſacri frangere vincla thori.

### *Qui cupit alienas vxores.*

PArte ſui mediâ thalamos ſpoliare cupivi?
 Proh dolor! in partes diſtrahor ipſe duas!

### Der Teuffel.

Wer GOttes Band zertrennen wil
 Und zwey auß einem machen/
Der iſt ihm ſelbſten auch zu vil/
 Muß von einander krachen.

### Der andere Weiber verlangt.

Hät ich meine Liebs-Gedancken
 So frey nicht laſſen ſchieſſen!
Hät ich ſie g'halten in dem Schrancken!
 Wurd ſie ſo hart nicht büſſen.

Averte

## Peyn der Verdambten.

Averte faciem à muliere compta, & ne circum-
spicias speciem alienam.
*Ecclef. cap. 9.*

Von einem schönen Weib wend dein Angesicht / vnd hab
nicht Lust zu sehen an frembd Gestalt.
*Ecclef. cap. 9.*

## Dæmon.

QUid votis juvat insanis aliena tulisse,
  Si valeant pellem damna cupita tuam?
Quam labor, & natura dedit, quam sidera sortem,
  Utendum est; aliud vertitur in vitium.

### *Qui suis non contentus.*

PRopria nunc perdo, quia quondam aliena cupivi,
  Et desiderijs ingemo stulta meis.

## Der Teuffel.

Er frembdem Gut vnd Gelt nach geht/
  Seht gfährlich jehner jhret.
Wann es mit jhm am besten steht/
  Sich gählingen verliehret.

## Der mit dem seinigen nicht zufriden.

Was ich nie g'habt/ auch nur begehrt/
  Muß mit der Haut bezahlen;
Wann dich dein aigner Balg beschwärt/
  Laß frembdes Gut dir g'fallen.

Væ,

# Peyn der Verdambten. 213

Væ, qui conjungitis domum ad domum, & agrum
agro copulatis vsque ad terminum loci.
*Esai. cap. 5.*

Wehe denen/ die ein Hauß an das ander ziehen/ vnd ein
Acker zum andern bringen/ biß zur Marcke hinan.
*Esai cap. 5.*

## Dæmon.

INvitus nostro posthac inflabere fumo,
  Et nimium claras experiere faces.
Ut, quö peccavit, nunc sit sua pæna superbo,
  Quique prius placuit, torqueat ipse vapor.

## Superbus.

AStra mihi visus nunc atra in luce corusco,
  Horrido, & infami totus ab igne mico.

## Der Teuffel.

DE. gar zu klein zu groß seyn wil /
  Der kan nicht lang bestehen /
Kombt von dem Dunst hinein zu vil /
  Muß von einander gehen.

## Der Hoffärtige.

Iß meines Hochmuths ist die Peyn /
  Daß ich vor Dampff zerperste /
Wars niemahl werth / hab wollen seyn
  Doch überal der erste.

# Peyn der Verdambten. 215

Qui se exaltat, humiliabitur.
*Matth. cap.* 23.

Wer sich selbst erhöhet / der wird erniedriget.
*Matth. cap.* 23.

Dæ-

## Dæmon.

Ignus avaritiæ scyphus est, sic ære liquato
    Pascitur, & rutilum cum pice sulphur edit.
Vnica nunc tantas explebit guttula fauces,
    Maxima Pactoli quas nequiere vada.

## Avarus.

Ere gravis tumui, semper tamen amplius hausi,
    Jam *Satis*, & *Nimium* vox mea semper erit.

## Der Teuffel.

Der einmal satt / nur mehr begehrt /
    Dem gibt man vnser Gersten /
Vor solchen diser Löffel ghert /
    Wird haben gnug am ersten.

## Der Geitzige.

Geitz, wo hast mich hingebracht /
    Wie schwär muß ich dich büssen!
Was ich vors liebste hab geacht /
    Zur Peyn ins Maul thut flüssen.

## Peyn der Verdambten. 217

Avari regnum DEI non possidebunt.
1. Cor. cap. 6.

Dann weder die Geitzigen werden das Reich GOttes besitzen. 1. Cor. cap. 6.

Ee Die-

## Dæmon.

Talia post epulas bellaria rara seqvuntur,
  Hæc stomachum claudunt, conciliántque famem.
Ventriculúmque levant jejunia nostra, gravatis
  Post nimios danda est hæc medicina cibos.

## Gulosus.

Plura ego qui quondam, quam quæ decuere, vorabam,
  Nunc fameo, quas & nauseo, gusto dapes.

## Der Teuffel.

Er hin vnd her zuvil gebrast /
  Verbottne Speisen gnossen.
Jetzt entlich diß Confect auch hast /
  Wirst dich daran bald stossen.

## Der Prasser.

Er übrig Fraß / vnd Fillerey
  Mit Hunger wird gepüsset /
Vor wem ich hab den höchsten Scheuch /
  Man heuffig mir eingiesset.

## Peyn der Verdambten. 219

Væ vobis? qui saturati estis, quia esurietis.
*Luc. cap.* 6.

𝔚ehe euch die ihr voll seynd / dann euch wird hungern.
*Luc. cap.* 6.

### Dæmon.

IMpuros avidis consumo dentibus artus,
   Excoxit flammis quos Cytheræa suis.
Vivus, & extinctus Lascivus in ignibus ardet,
   Post Paphiæ nostros excipit ille focos.

### Luxuriosus.

ERgo luenda brevis restat sine fine voluptas?
   Et Cypriæ in Stygias tandem abiere faces?

### Der Teuffel.

Vnreiner Leib mein liebste Speiß/
   An dir die Zähn ermatten/
Gefressen wird auff dise Weiß/
   Den Venus hat gebratten.

### Der Vnkeusche.

Vnkeusche Lieb/ verbainte Hitz/
   Wie hart bist zubenemmen/
So lang in disem Bad schon schwitz/
   Vnd kan dich doch nicht demmen.

Qui

## Peyn der Verdambten. 221

Qui se jungit fornicarijs, erit nequam putredo, & vermes hæreditabunt illum. *Eccles. cap.* 19.

Der sich zu den Hueren gesöllet / der wird zun Schalck-Motten / vnd Würm wird er erben.
*Eccl. cap.* 19.

### Dæmon.

IPse tuos tibi sæve vngues in viscera quondam
  Torsisti, & proprius dente Tyrannus eras.
Desine lassatis tua membra ferire lacertis,
  Jam manibus nostris dilaceranda manes.

### Invidus.

IAm fleo, Stulta meos, alienis læta, Dolores,
  Quæque invidi alijs, nunc careo ipsa bonis.

### Der Teuffel.

Ein eigner Hencker g'wesen bist /
  Lebendig dich vergraben /
Der jhme selbst das Hertz abfrist /
  Den thut man also laben.

### Der Neidige.

Hab anderen ihr Glück verflucht /
  Vnd g'wunschen nur den Schaden!
Was ich vor meinen Nächsten g'sucht /
  Mir selbst hab auffgeladen.

## Peyn der Verdambten. 223

Væ illis, qui in viam Cain abierunt.
*Epist. Iudæ.*

Wehe ihnen / dann sie seynd den Weeg Cain gangen.
*Epist. Iudæ.*

Dæ-

## Dæmon.

SCire cupis, cur sic traheris, dirámque feriris,
  Indomitam tua te fecerat Ira feram.
Verbera verberibus plectuntur, & ignibus ignes,
  Quámque dabas alijs, hæc tibi plaga redit.

## Iracundus.

INcalui nimiùm furiarum tacta favillis,
  Candeo nunc Stygijs flammea tota focis.

## Teuffel.

WEr eingenommen von dem Zorn
  Ein Wildes-Thier ist worden /
Vor den gehört ein solcher Sporn /
  Und kombt in diesen Orden.

## Der Zornige.

DIe Wunden / so ich anderen g'macht /
  Mein eigner Leib empfindet /
So weit hat mich der Grimmen bracht
  Vor dem ich gantz erblindet.

## Peyn der Verdambten.

Ira non habet misericordiam.
*Prov. cap.* 27.

Zorn vnd ein auffbrechender Grimm / ist ohne Barmhertzigkeit. *Prov. cap.* 27.

### Dæmon.

Hæc decet ignavos requies, hæc culcitra somnos
Insequitur nimios, Sic pigra corda cubant.
Pro se, próque Deo tenues fugere labores,
Quem sibi straverunt, jam dolet ille thorus.

### Acediosus.

Quám gravis ista quies labor est! Quam somnus acerbus,
Et thalami spissi languida membra fovent!

### Der Teuffel.

Iß sanffte Küß / vnd feine Näst /
 Dein Trägheit hat gefunden /
Der GOttes Dienst ein Feind gewest /
 Der wird darauff gebunden.

### Der Träghe.

Jl Stund ich meiner Seel vnd GOtt
 Auß Faulkeit hab entzogen;
Nichts bleibt mir / als der ewig Spott /
 Daß ich mich selbst betrogen.

## Peyn der Verdambten. 227

Maledictus, qui opus Dei facit negligenter.
*Ier. cap.* 48.

Verflucht sey/der deß Herrn Werck vernachläffigen thut.
*Ier. cap.* 48.

## Dæmon.

CVi sua vipereis tumuerunt sæva venenis
  Pectora, & in fibris nil nisi virus erat.
Illius immites innectimus artubus angues,
  Sint paria vt cordi cætera membra suo.

## *Immisericors.*

QVondam animo Stygias imitabar dira sorores,
  Tandem etiam similis corpore facta fui.

## Der Teuffel.

Mit solchen Brocken wirst gespickt /
  Vnd bratten in der Höllen!
Nichts lieber dessen Rachen schlickt /
  Als dise wilde Gsöllen.

## Der Vnbarmhertzig.

Wohin hat doch mein hartes Hertz
  Mein arme Seel geführet?
Je mehr / vnd mehr da kombt der Schmertz /
  Die Hoffnung sich verliehret.

Illos

## Peyn der Verdambten. 229

Illos autem, tanquam rex durus, interrogans, condemnasti. Sap. cap. 11.

Dise aber hast du als ein strenger König gefragt vnd verdambt. Sap. cap. 11.

## Dæmon.

Quàm bene calce polos, & vertice tartara spectas,
  Immitis Superi cui Rhadamantus erant.
Ipse tibi lictor, tibi desperatio funis,
  Ipse tibi Iudex, ipse peremptor eras.

## Desperans.

CRimina, quæ poteram lachrymis extinquere paucis,
  Iam neque tam largo sanguinis amne queo.

## Der Teuffel.

MIt Cain bist du gar zuweit
  Von deinem GOtt geflogen /
Verworffen sein Barmhertzigkeit /
  Vnd dich so schwär betrogen.

## Der Verzweifflende.

JCh bin mein aigner Richter gwest /
  Auch selbst am Baum gebunden!
Doch von der Peyn mich nicht erlöst /
  Hab neue Hencker gfunden.

An ignoras, quòd periculosa sit desperatio?
2. Reg. cap. 2.

Weistu nit / daß verzweifflen / ein gefährlich Ding ist.
2. Reg. cap. 2.

Dæ-

## Dæmon.

ULtima tandem hæc sunt Usuræ fænora, totum
    Perdere, & amissas solvere rursus opes.
Quid prodest nimijs, & iniquis vivere lucris,
    Si rapitur, quæ te continet, ipsa cutis?

## Usurarius.

OLim Cræsus eram, jam sum miserabilis Irus,
    Debita, dum neque pendere, pelle luo.

## Der Teuffel.

Uff diser deiner aignen Haut
    An jetzt die Reitung schreibe;
Wie vil du gschunden in der Maut /
    Ob einer überbleibe.

## Der Wuecherer.

Was hülfft daß ungerechte Gut?
    Man muß es doch verlassen.
Und noch bezahlen mit dem Blut /
    Bist klug / so thue es hassen.

Fa-

# Peyn der Verdambten. 233

Facilius est Camelum per foramen avis transire, quàm divitem intrare in regnum cælorum.
*Matth, cap.* 19.

Es ist leichter / das ein Camel durch ein Nadls-Ore gehe /
denn das ein Reicher ins Himmelreich komme.
*Matth. cap.* 19.

### Dæmon.

INgratus cuculus cum Iuda hâc fronde quiesce,
  Sublime hoc stratum Proditor omnis habet.
Cassibus ipse meis te prædam incaute dedisti,
  Innocuum in nocuas conijciendo manus.

### Proditor.

TRaditor infælix hominum! Nunc lugubre lignum
  Summa meæ merces venditionis erit!

### Der Teuffel.

JR Judas Bruder diser Thron
  Vnd linde Sitz wolstehet/
Allda auff ewig rasten kan/
  Der lang/ wie er/ vmbgehet.

### Der Veräther.

EJn Seel ich selbst verrathen hab/
  Vnd meinen Feind ergeben.
Bin gfallen in diß schwäre Grab/
  Muß ewig alldort leben.

Bo-

## Peyn der Verdambten. 235

Bonum erat ei, si natus non fuisset homo ille.
Matth. cap. 26.

Es were ihm besser / daß derselbig Mensch nit gebohrn
were. Matth. cap. 26.

## Dæmon.

CLavibus hísce seras seramus, & ostia fraudum,
  vt pateant, clausi qui latuere doli,
Præ foribus Fidei species, Pietatis, & Æqui!
  Intus Mars, Venus, & duno fuere lares.

## Dolosus.

QUas malè celavi tenebroso in pectore technas,
  Quam gravis in lucem plaga, dolórque trahit.

## Der Teuffel.

JNdrey sein aignes Hertzen trifft /
  Hast gar offt hören singen /
Wer lang im Hertz halt das Giefft /
  Der thut sich selbst vmbbringen.

## Der Betrieger.

WAs Falschheit lang verborgen hat /
  Kombt entlich an die Sonnen /
GOtt mit der grösten Schand vnd Schad
  Pflegt dise Sünd zulohnen.

# Peyn der Verdambten.

Disperdet dominus vniuersa labia dolosa.
Psal. 11.

Der Herr reutte auß alle betrügliche vnd falsche Lefftzen.
Psal. 11.

## Vindicta.

Lenta furor nutrit si forte incendia semper,
　　Plus metue, occultum, præparat ille malum:
Dum tacitis serpit conclusus in ignibus æstus,
　　Erumpit vivi maxima flamma rogi.
Hinc cor vindictæ consumit sæva cupido:
　　Et lento tostas ustulat igne fibras.
Sed magis æternis, torrebitur ignibus ille,
　　Qui spirat tumidus vulnera sæva neces.

## Der Rachgirige.

Er traget Rach / denckt immer nach /
　　Den andern zuverletzen:
Ein gringe Schmach / wol tausentfach /
　　Dem Gegner zuversetzen.
Fragt nichts darnach / tringt auff die Rach /
　　Wil, biß ers gführt, nicht weichen:
Das Hertz in Haß / ohn Vnderlaß /
　　Thut als auff Kollen kochen:
Was haist darfür / soll diß an dir /
　　Dann bleiben vngerochen?
Wol nicht gewiß / an disen Spiß /
　　Werden wir dich nun bratten /
In Ewigkeit / weil du bey Zeit /
　　Dir dorth nicht liessest rathen.

## Peyn der Verdambten.

Ne dicas, quomodo fecit mihi, sic faciam ei : & reddam
vnicuique secundum opus suum.
*Prov. cap.* 24.

Sprich nit / wie mann mir thut / so wil ich wider thun /
vnd ein jeglichen sein Werck vergelten.
*Prov. cap.* 24.

*Lu-*

## Lusor.

FLamma fuerit, surgitque feris ardoribus ignis,
　　Terribilesque flagrant, nunc sine fine rogi:
Quique lucri quondam, turpem succendit amorem,
　　Nunc quoque promeritas, admovet ille foces
Nec opus ut lignum rapidas quæratur ad ignes,
　　Aut stipula, aut fænum præbeat auxilium
Num folia & chartæ Queis totas perdere noctes
　　Consuevit, flammis pabula digna dabunt.

## Der Spiller.

Als Feuer tobt / sich Heufft vnd schopt /
　　Mit aller Gwalt zusammen:
Der Spiller sitzt / schröcklich durch hitzt /
　　Laufft ewig in den Flammen.
Vor gwesen sonst / nach Gwinn dein Brunst /
　　Die dich zum Spill verlaitet;
Die hat nun dir /sihst du darfür /
　　Die Höllisch-Peyn bereitet.
Diß Feuer scharff / doch nicht bedarff /
　　Noch Bauin / noch Block / noch Scheutter /
Brint dannoch fort / an disem Orth /
　　In Ewigkeit / vnd weitter:
Dann es schon satt / sein Nahrung hat /
　　An Karten / vnd Spill-Bretter
Worben zuebracht / hast Tag vnd Nacht /
　　Du GOtt / vnd Himmels-Spötter.

## Peyn der Verdambten. 241

Nec decipiet unusquisque proximum suum.
*Levit. cap.* 19.

Ihr solt noch liegen / noch betrügen ewern Nechsten.
*Levit. cap.* 19.

Hh        IN-

## INGRATUS.

INgratum cujus subit alta oblivio mentem,
　Atque mecænatis noluit esse memor:
Naturam hic totam fundamine vertit ab imo
　Ordine, nec patitur sistere quæque suo.
Námque omnes natura docet, pecudésque hominésque
　Non gerere ingratas, in benefacta fibras.
Idcirco inverso pendet nunc corpore truncus
　Serraque mordaci viscera dente trahit.

### Der Vndanckbare.

Von aller Zeit / daß Vich / vnd d'Leuth /
　GOtt / vnd Natur mit G'sätze
Verbunden hat / daß man Wolthat /
　Mit Danckbarkeit ersetze /
Das thut der Schnack / der Löw / vnd Drack /
　Die Hund / die Wölff / die Beeren /
Der Mensch allein / darff zwider seyn /
　Die gantz Natur verkehren /
Darff die Wolthat / wann er sie hat /
　Empfangen / bald vergessen?
Ja noch darfür (O grausambs Thier /)
　Vbles vilmahl außmessen /
O du Bößwicht / gedenck nur nicht /
　Daß mans vngstrafft wird leyden;
Beyn Füssen dich g'henckt über sich /
　Wür mit der Sag zerschneiden.

## Peyn der Verdambten. 243

Qui reddit mala pro bonis, non recedet malum de
domo ejus. *Prov. cap.* 17.

Wer guts mit bösem vergilt / von deß Hauß würdt böses
nicht abweichen. *Prov. cap.* 17.

## INFIDELIS.

Nil magis infidum, rapidæ quàm incendia flammæ,
 Multos deludit, perfida flamma dolis
Dum radiat, rutilaque nitet per nubila luce,
 Et subitò incautas, ustulat illa manus:
Sit infida licet, justum tamen approbat aurum,
 Mentitumque jubar detegit arte suâ,
Ergo flamma fidem synceri tentet Achatis,
 Si sit vera fides, purior inde redit.

## Vntrewer.

Je Fewer-Flamm / wird recht mit Nahm /
 Ein Bild der Vntrew genennet:
Sie glantzt / vnd leucht / wers vngescheucht
 Angreifft / wird doch verbrennet:
Mit Mund / vnd Händ / mit Jurament /
 Die Trew wird offt versprochen /
Doch bald hernach / vmb gringe Sach /
 Gantz liederlich zerbrochen;
Drumb haist es trau / aber wem schau /
 Vnd nur genau thue schauen /
Gehe sacht / vnd leiß / wie auff dem Eyß /
 So du wilst jemand trauen /
Ewer Vntrew nur spillet frey /
 All ihr vntrewe G'sellen /
Wißt ihr was kost / am glüenden Rost
 Mans bratet in der Höllen.

Væ duplici corde & labiis sceleſtis.
*Eccelſ. cap. 2.*

Wehe den zweyfaltigen Hertzen/ vnd der ſündigen Lefftzen.
*Eccleſ. cap. 2.*

## SCANDALUM.

Qui scelus obscuris fædum committit in antris,
  Occultè noxas, hic luit ipse suas:
At si luce nefas in aperta turpe patretur,
  In plures homines serpit adaucta lues.
Accrescitque malum, viresque acquirit eundo:
  Vlla nec hanc pestem, jam medicina juvat.
Qui fibras igitur populi sic inficit atrox,
  Huic dæmon rursus viscera ventre trahit.

## Aergernuß.

Was man allein / oder mit ein /
  Vbles in g'heim begehet /
Darfür man auch / nach Rechtens Brauch /
  Die Straff ing'heimb außsiehet:
Wann aber sich man offentlich /
  Zu sündigen nicht scheuhet:
Damals die That ihr mehr zu Schad /
  Vnd Aergernuß gereichet /
Zum üblen dann / wird Weib / vnd Mann /
  Die Jugend offt verführet /
Drumb drauff hernach ein schwäre Rach /
  Vnd grössre Peyn gebühret:
Ach wie vil Leuth / durch dein Boßheit /
  Hast du verführt! Es heisset /
Jetzt leyd darfür / der Teuffel dir /
  Das Jngeweyd außreisset.

Væ

## Peyn der Verdambten.

Væ homini illi per quem scandalum venit.
*Matth. cap.* 18.

Wehe dem Menschen / durch welchen Aergernuß kombt.
*Matth. cap.* 18.

MEN-

## MENDAX.

Vix semel hoc aliquid sincerum prodiit ore,
    Et semper coxit subdola lingua dolos:
Quod si lingua animi, non fallax dicitur index,
    Ut quod mente latet, quid libet illa notet:
Est melius, mendaci ut hic index ore trahatur,
    Atque ex supremâ, pendeat ille cruce:
Nunc quoque demonstret supremam perfidus horam,
    Namque hæc mendaces quoslibet hora manet.

### Der Lügner.

Auß deinem Mund / man vormals kund /
    Vast hören nichts als Lügen /
Ohn Unterlaß / er überfloß /
    Mit Falschheit / vnd Betrugen:
Da muß ja wohl mit Vntreu voll /
    Deß Hertzens Vaß seyn gwesen /
Weil die beym Spundt / das ist beym Mund /
    So häuffig außgeiesen /
Hätst du dann nicht / das edle Glid /
    Die Zung GOtt stets zu preysen?
Durch rechten Brauch / den Nächsten auch /
    Trost / Hülff / guts zu erweisen?
Weil du es doch / mußbraucht so hoch /
    Zu lauter falschen Räncken /
Must du darmit / es hilfft kein Bitt /
    Angnaglet ewig häncken.

Men.

# Peyn der Verdambten. 249

### Mendacium fugies.
*Exod. cap. 23.*

### Hüt dich vor Lugen.
*Exod. cap. 23.*

## DETRACTOR.

Eximiis quæcunque subest præstantia rebus
 Hanc lingua infixo garrula dente petit
Discrepit fædum, partesque extendit in omnes
 Jam fama in terris integra nulla manet.
Ergo nec junctis ferus integer artubus exstet
 Zoilus, in partes scissus & ipse suas:
Id solum superest, ut suspendantur ab alto
 Membra volatilibus dilanianda feris.

## Ehrabschneider.

Ein Ding auff Erd / so gut / vnd werth;
 Kein Mensch so fromb ist leyder!
Den nicht beschmitzt / verletzt / vnd rützt /
 Der Mund eins Ehrabschneider /
Als Lob all Ehr / so groß auch wer /
 Kan ziehen er durch d'Heuchel /
Wann schon ein Ruhm / schön wie ein Blum /
 Den b'sudlen mit seim Speuchel.
Weillen du dann / so villen schon /
 Ehr / Lob / vnd Nahm zerrissen /
Zu Schanden bracht / vnd nicht geacht /
 GOtt / Nächsten / Lieb / vnd Gwissen:
Wür dich jetzund zur Straff deins Mund /
 Deins lang gepflognen Beissen;
In diser Qual / vil tausentmahl /
 Mitt voneinander reissen.

Non

# Peyn der Verdambten.

Non facias calumniam proximo tuo.
*Levit. cap.* 19.

Du solst deinem Nächsten nicht gewaltiglich vnrecht thun.
*Levit. cap.* 19.

## ZELOTIPUS.

Vera canit vates, vsque quod comprobat ipse
 Res est solliciti plena timoris amor.
Quisquis amat Cypridisque colit tristissima signa,
 Hic secum tacito pectore multa coquit.
Ne sciat occultum Socius, vel testis amorem,
 Curat, amare nequit, sit nisi solus amet:
Hinc nec quâ coquitur, socium jam sustinet ollâ.
 Solus promeritas, sentiat ergo faces.

### Der Eyffersüchtige.

Bey Tag/ vnd Nacht/ sich mit Verdacht/
 Die Eyffersucht stets quellet/
Vnd alle Stund gantz ohne Grund/
 Vil falsche Vrtl föllet/
Was immer gschicht/ das kan sie nicht/
 Als nur übel außdeuten/
In Gifft verkehrt/ was sie nur hört/
 Für Post von schlechten Leuthen
Mit Ach/ vnd Wehe drumb manche Ehe/
 Wird gleich der Höll erfüllet/
Das Sacrament/ der Lieb geschändt/
 Weil eins stets böß gewillet/
Das andre doch/ sein Treue noch/
 Im gringsten nit gebrochen/
Solche allhier/ auff ewig wir/
 Sieden in Kösselkochen.

Non Zeles mulierem sinus tui.
*Eccles. cap.* 9.

Du solt mit dem Weib das dir lieb ist / nicht eyferen.
*Eccles. cap.* 9.

## MALA CONSCIENTIA.

Vix nitidos Phæbus ab æquore currus
  Purpureasque micans, pingit Eous aquas:
Antevolat sævum Titania lamina crimen;
  Coucutiens imis flagra tremenda fibris
Dumque iterum tremula Pyrois caput integit unda,
  Sæpius invitat corpora fessa quies.
Mens tamen heu vigilem nutrit male conscia Vermen,
  Et somnum membris invidiosa rapit.

### Das böse Gewissen.

Die Sünd gethan / im Leben schon /
  Den Thätter immer plaget:
Mit vollem Sturm / wie stätter Wurm /
  Das G'wissen beist / vnd naget
Auff diser Erd / nichts also b'schwerd /
  nichts innerlich so teufflet /
Daß mancher schon ihm angethan /
  Selbst hat den Todt verzweifflet /
Hier man doch Zeit / vnd Glegenheit /
  Den Wurm hat zu tödten /
Von seiner Plag sich alle Tag /
  Gar leichtlich kan errötten:
Wann man dem Laid / von Zeit zu Zeit /
  Noch nöhren thut / vnd hüten /
Wird er dort gwiß / mit Stich / vnd Biß /
  Tausendmahl ärger wüten.

Dat

## Peyn der Verdambten. 255

Dat testimonium condemnationis condemnata : semper enim præsumit sæva perturbata conscientia.
*Sap. cap.* 17.

Dann so das Gewissen von seiner eignen Boßheit Zeugnuß gibt / vnd überwunden vnd verdambt wird / so besorgt sichs alle Weeg der Straff.
*Sap. cap.* 17.

# Ende deß Dritten
### vnd lesten Theils.
ANNO M. DC. LXXXI.

# Nachwort

## Nachwort

Aus der Geschichte der deutschsprachigen Literatur ist Johann Weichard zu Valvasor, der Autor des ‚Theatrum mortis humanae tripartitum' (TM), wohl kaum jemandem vertraut. Unbekannt ist er aber keineswegs; denn sogar ein ‚Slowenien'-Reiseführer aus dem Jahr 1999 nennt ihn mehrfach. Schon der erste Hinweis auf Valvasor billigt ihm gleich in der Einleitung die Bedeutung zu, die ihm angesichts seiner Verdienste um die Landeskunde Sloweniens auch gebührt.[1] Wissenschaftliche Literatur über Valvasor findet sich vornehmlich in regionaler, geographisch und kulturhistorisch ausgerichteter Forschung, welcher sich sein Œuvre am ehesten zuordnen läßt. Darüber hinaus stellen Datenbanken und ihre bio-bibliographischen Vorläufer bis in die jüngste Zeit erweiterte Angaben zu Valvasor zur Verfügung.[2] Das Wissen über ihn beruht aber noch immer größtenteils auf den grundlegenden Recherchen des Historikers Peter von Radics, der neben zwei Monographien[3] auch den Artikel über Valvasor in der Allgemeinen Deutschen Biographie (ADB) verfaßt hat.[4] In jüngerer Zeit hat Branko Reisp verschiedene Veröffentlichungen über Valvasor in slowenischer Sprache vorgelegt.[5] Die folgende biographische Skizze beruht vor allem auf den Daten von Radics'.

---

[1] Vgl. Petra Rehder, Slowenien (becksche reihe länder), München 1999, hier S. 9f.
[2] Vgl. Martin Bircher: Deutsche Drucke des Barock 1600-1720 in der Herzog August Bibliothek Wolfenbüttel. Abteilung B. Mittlere Aufstellung, Bd. 6, München u.a. 1986, B 6455-6457; Bibliographie zur deutschen Literaturgeschichte des Barockzeitalters. Begründet von Hans Pyritz. Fortgeführt und hrsg. von Ilse Pyritz. Zweiter Teil: Dichter und Schriftsteller. Anonymes. Textsammlungen. Bearbeitet von I. P., Bern 1985, S. 696-698; AustroDIR 1000. Eine Bilddatenbank zur österreichischen Geschichte und Kultur. By Institut für Realienkunde/ Austrian Academy of Sciences 1996 [last modified October 10, 1996 by Ralf Heller].
[3] Peter von Radics, Valvasor. Biographische Skizze, Graz 1866; ders., Johann Weikhard Freiherr von Valvasor (geb. 1641, gest. 1693). Mit 5 Porträts und 15 anderen Abbildungen; samt Anhang, Nachtrag und der Genealogie der Familie Valvasor, Laibach 1910.
[4] Ders., Artikel ‚Valvasor. Johann Weikhard Freiherr v. V.'. In: Allgemeine Deutsche Biographie, Bd. 38, 1895. Nachdruck Berlin 1971, S. 471-475.
[5] Vgl. besonders Branko Reisp, Kranjski polihistor Janez Vajkard Valvasor, Ljubljana 1983; Janez Vajkard Valvasor Slovencem in Evropi. Johann Weichard Valvasor to the Slovenes and to Europe. Katalog razstave. Exhibition catalogue. Studije za katalog: Branko Reisp u.a., Ljubljana 1989; s. auch

Der Historiker und Ethnograph Valvasor wurde am 28. Mai 1641 in Laibach geboren und starb am 19. September 1693 in Gurkfeld (Unterkrain). Er entstammte einer italienischen Adelsfamilie, die gegen 1530 aus Bergamo nach Krain und in die Untersteiermark eingewandert war. Valvasors krainische Vorfahren waren zunächst auf Schloß Gallenegg nahe Sagor in Oberkrain seßhaft; deshalb führte er den Namen ‚zu Gallnegkh', wie er sich auch nach den von ihm selbst erworbenen Ländereien ‚zu Neudorff, Herr zu Wagensberg und Liechtenberg' nannte. Im Alter von 15 Jahren verließ Valvasor das Jesuitenkolleg in Laibach, um eine insgesamt 14 Jahre während Kavaliersreise anzutreten, die ihn wiederholt nach Deutschland sowie nach Italien und Frankreich und 1669 sogar nach Afrika führte. Da Valvasor auf seinen Reisen erkannt hatte, daß seine Heimat den Gebildeten gänzlich unbekannt war, und weil er auch bei seinen Landsleuten beobachtete, daß sie wenig von ihrem Land wußten, beschloß er, das Land Krain und die dort lebenden Menschen mitsamt seiner Geschichte und Kultur, seiner Volkswirtschaft und seinen Naturwundern in Gestalt von Höhlen, Grotten und anderen Mirabilia in Wort und Bild umfassend darzustellen. Zu dem Zweck studierte Valvasor Geschichtsquellen, unterhielt vielseitige Beziehungen, korrespondierte mit Gelehrten und unternahm unermüdlich Ritte im Land, um in Städten und Märkten Archive aufzusuchen und in Adelshäusern und geistlichen Stiften Urkunden zu lesen, Abrisse von Burgen, Schlössern und Orten in sein Skizzenbuch zu zeichnen, Berghöhen zu vermessen und selbst in Tropfsteinhöhlen einzudringen und diese zu beschreiben.

1672 heiratete Valvasor Anna Rosina von Grafenweg und erwarb Schloß Wagensberg in Unterkrain. Hier verfaßte er die ‚Topographia Ducatus Carnioliae modernae' (Darstellung des gegenwärtigen Herzogtums Krain), die 1679 bei dem aus Salzburg stammenden J. B. Mayer in Laibach gedruckt wurde;[6] die Abbildungen ließ Valvasor von Andreas Trost in dem Atelier, das er auf seinem Schloß eingerichtet hatte, in Kupfer stechen. Außer Trost beschäftigte er in seinem Haus, wo er ein Münz- und ein Naturalienkabinett sowie eine noch heute erhaltene und katalogisierte Bibliothek angelegt hatte, Zeichner, die seine Werke illustrierten. Hierzu gehören die gleichfalls in Laibach rasch nacheinander erschienenen, allesamt mit Kupfertafeln

---

Martin Bircher, Johann Weikhard von Valvasar. In: Wolfenbütteler Barock-Nachrichten 12 (1985) 70.
[6] Vgl. den Nachdruck, hrsg. von Branko Reisp, München 1970.

versehen Drucke der ‚Topographia arcium Lambergianarum' (Darstellung der gräflich Lambergschen Schlösser) und die ‚Topographia Archiducatus Carinthiae Modernae' (Darstellung des gegenwärtigen Erzherzogtums Kärnten) von 1681, sowie aus dem folgenden Jahr 1682 eine ‚Topographia Salisburgensis' (Darstellung des Landes Salzburg), in Kupfer gestochene Landkarten von Kärnten, Krain und Kroatien, die ‚Ovidii Metamorphoseos icones' (Ovids Metamorphosen) von 1680 mit kurzen lateinischen und deutschen Erklärungen sowie 96 Kupferstichen nach Vorlagen von Crispijn de Passe[7] – und eben das TM.[8]

Nachdem Valvasor, der im Laufe seines Lebens in mehreren Heeren diente, 1683 als Befehlshaber einer Kompanie krainischer Freiwilliger bei der Sicherung der Ostgrenze der Steiermark gegen die Türken und Ungarn eingesetzt worden war, arbeitete er an seinem Hauptwerk ‚Die Ehre des Herzogthums Krain'[9] und an der ‚Topographia Archiducatus Carinthiae antiquae et modernae' (Darstellung des Erzherzogtums Kärnten in Geschichte und Gegenwart), die 1688 bei Wolfgang Moritz Endter in Nürnberg erschien.[10] Auf dem Titelblatt bezeichnet sich Valvasor, der 1687 zum Mitglied der Royal Society gewählt worden war, als „Mitgenosse der königlichen Societät in England".[11] Im Jahr 1689 wurde ‚Die Ehre des Herzogthums Krain', welche Erasmus Francisci „in reines Teutsch" gebracht und mit Erklärungen, Anmer-

---

[7] Von dem Werk erschien eine kommentierte Faksimile-Ausgabe; vgl. Publij Ovidij Naso Metamorfoze. Izdal Janez Vajkard Valvasor, Bogensperk 1680. Faks.izd. Avtorij spremnih besed Branko Reisp, Kajetan Gantar, Emilijan Cevc, Ljubljana 1984. – Zu Crispijns de Passe Ovidillustrationen (Köln 1602) vgl. M. D. Henkel, Artikel ‚Passe, Crispyn I de'. In: Allgemeines Lexikon der bildenden Künstler von der Antike bis zur Gegenwart. Begründet von Ulrich Thieme und Felix Becker [...], hrsg. von Hans Vollmer, Bd. 26, Leipzig 1932, S. 280f., hier S. 280. Crispijn de Passe ist nicht zuletzt durch seine picturae zu Gabriel Rollenhagens Emblembuch bekannt; vgl. Nucleus Emblematum Selectissimorum, 2 Bände, Köln 1611-Utrecht 1613. Nachdruck (hrsg. von Carsten-Peter Warncke) Dortmund 1983.
[8] Vgl. die slowenische Übersetzung: Prizorisce cloveske smrti: v 3 delih / Janez Vajkard Valvasor. [lz. lat. prev. Joze Mlinaric], Maribor u.a. 1969.
[9] Vgl. Die Ehre des Herzogthums Krain (1689). Unveränderter Nachdruck. Hrsg. von J. Krajec, Vinzenz Novak, Josef Pfeifer. Mit einer biographischen Einleitung und Schluß von Peter von Radics, 4 Bde., Rudolfswerth 1877-1879.
[10] Vgl. den Nachdruck Klagenfurt 1928.
[11] Vgl. Branko Reisp (Hrsg.), Korespondenca Janeza Vajkarda Valvasorja z Royal Society [The correspondence of Janez Vajkard Valvasor with the Royal Society], Ljubljana 1987.

kungen und Erzählungen versehen hatte, in Laibach gedruckt und gleichfalls von Endter verlegt. Die vierbändige Enzyklopädie, die mehr als 3300 Druckseiten und 533 Kupfer enthält, leiten nach einem Portrait Valvasors lateinische, slowenische und deutsche Widmungsgedichte ein, welche außer Erasmus Francisci unter anderen Mitglieder des Pegnesischen Blumenordens wie Catharina Regina von Greiffenberg, Johann Gabriel Maier und Christoph Wegleiter beigesteuert haben. – Weitere Werke hinterließ Valvasor im Manuskript.[12] Keine vier Jahre nach dem Erscheinen seines Hauptwerks, dessen Druck ihn sein Vermögen gekostet hatte, starb Valvasor verarmt am 19. September 1693. „In gerechter Würdigung der hohen Verdienste Valvasor's nicht allein um das Land Krain, um Oesterreich und um die Wissenschaft hat das gegenwärtige k. k. österreichische Ministerium für Cultus und Unterricht vor kurzem", wie von Radics 1895 schreibt, "den Beschluß gefaßt, zu seinem Andenken in der Landeshauptstadt Laibach durch einen heimathlichen Künstler ein würdiges Standbild zu errichten!"[13]

Etwa hundert Jahre später hat Majda Orazem-Stele zweimal über Valvasor gehandelt, und zwar zum einen über die Feiern in Slowenien anläßlich seines 300. Todestages im Jahr 1993[14] und zum andern in ihrer Rezension des 1995 publizierten Katalogs der Bibliothek Valvasors.[15] In ihrem Aufsatz beschreibt die slowenische Wissenschaftlerin das Leben und Werk ihres großen Landsmanns, in dem sie angesichts seiner polyhistorischen, topographischen, geographischen, ethnologischen, literarischen und kunsthistorischen Arbeiten den wichtigsten „Vertreter des slowenischen Barock" (S. 107) erkennt. Für den Höhepunkt seines Schaffens hält auch sie ‚Die Ehre des Herzogthums Crain', welche noch heute für die Geschichte, Kunst und Literaturgeschichte Sloweniens „eine unüberholte Quelle" darstelle (S. 108). Darüber hinaus registriert Orazem-Stele Valvasors weiteres Œuvre, das sie zum Teil in neueren Ausgaben nachweist, wie z.B. Valvasors

---

[12] Das mit den Wappenmalereien des Bartholomäus Ramschissl von Valvasor als Manuskript hinterlassene ‚Opus insignium armorumque - Das große Wappenbuch' (entstanden 1687/88) wurde 1993 von der Slowenischen Akademie in Ljubljana zusammen mit einem Kommentarband als Faksimile publiziert.
[13] Peter von Radics [Anm. 4], S. 475.
[14] Vgl. Majda Orazem-Stele, Johann Weichard von Valvasor (1641-1693). Feiern in Slowenien zu Ehren des 300. Todestages des großen Polyhistors. In: Wolfenbütteler Barock-Nachrichten 20 (1993) 107-109.
[15] Vgl. dies., Rezension von: Bibliotheca Valvasoriana. Katalog knjiznice Janeza Vajkarda Valvasorja, bearbeitet von Bozena Kukolja, Ljubljana 1995. In: Wolfenbütteler Barock-Nachrichten 25 (1998) 45-51.

Erstling, die ‚Dominicae passionis icones' von 1679, einen äußerst seltenen kleinen Band mit 17 Kupferstichen über den Leidensweg Christi,[16] der gleich dem bald darauf entstandenen, gleichfalls erbaulich religiös ausgerichteten ‚Theatrum mortis' aus dem (kultur-) historisch-geographischen Spektrum der Werke herausfällt. Im Fall des TM ist es nicht ausgeschlossen, daß Valvasor es unter dem Eindruck der Pest des Jahres 1679 konzipiert und 1681, als die Pest von neuem wütete, größtenteils fertig gestellt und gedruckt hat.[17]

In ihrer Rezension des Katalogs stellt Orazem-Stele die Bibliothek Valvasors, die sich heute in der Staats- und Universitätsbibliothek Zagreb (Kroatien) befindet, vor und beschreibt noch einmal Werk und Bedeutung des Polyhistors. Darüber hinaus skizziert sie die weitere Geschichte seiner Privatbibliothek, die der Agramer Bischof Aleksander Ignacije Mikulic 1690 von Valvasor erwarb und in die Bibliotheca Metropolitana in Zagreb aufnahm. Unter dem Rubrum ‚Bibliotheca Valvasoriana' gliederte man diese 1914 in die kroatische National- und Universitätsbibliothek Zagreb ein. Außer der Bibliothek erwarb Bischof Mikulic aus dem Besitz Valvasors noch 8000 graphische Blätter, welche noch heute in der graphischen Sammlung desselben Hauses bewahrt werden.

Die Bibliotheca Valvasoriana umfaßt mehr als 1500 Bände mit über 3600 selbständigen Werken aus vielen Sachgebieten, „wie z. B. Bibliographien, Wörterbücher, Philosophie, okkulte Wissenschaften wie Alchemie und Magie, Theologie, die Rechtswissenschaften, Erziehung, Kunst, Geschichte, Geologie, Reisebeschreibungen, Belletristik und Medizin. Am häufigsten vertreten sind Arbeiten, die den Wissensstand der damaligen Zeit in vielfältiger Weise widerspiegeln, so z. B. Chroniken, Kalender, militärische Bücher, Topographien und Reisebeschreibungen" (S. 47). – Hervorgehoben sei an dieser Stelle, daß Valvasor nicht nur Matthäus Merians ‚Todten-Tantz' (Frankfurt 1649; Kat. Nr. 1589), sondern auch manches Emblembuch sein eigen genannt hat, wie z. B. eine lateinische Ausgabe des ‚Liber Emblematum' von Andrea Alcato (Frankfurt 1566) sowie eine französische Version des Werkes (Lyon 1549; Kat. Nr. 50-52), die ‚Emblemata' des Ha-

---

[16] Vgl. den Nachdruck: Janez Vajkard Valvasor. Pasijonska knjizica 1679. Dominicae passionis icones a Iohanne Wiriex inuentae. Andreas Trost sculpsit. I. W. Valvasor excudit, Wagenspergi in Carniolia 1679. Spremna beseda Dr. Emilijan Cevc. Reproducirani ponatis, ohne Ort und Jahr (mit Nachwort in slowenischer Sprache [S. 37-60] sowie einer Zusammenfassung in französischer [S. 61-63] und deutscher Sprache [S. 65-67]).
[17] Vgl. von Radics, Johann Weikhard Freiherr von Valvasor [Anm. 3], S. 174.

drianus Junius (Leiden 1596; Kat. Nr. 1204) und das gleichnamige Werk des Johannes Sambucus (Leiden 1599; Kat. Nr. 2058), die ‚Emblemata Physico-ethica' des Nicolaus Taurellus (Nürnberg 1602; Kat. Nr. 2308), Gabriel Rollenhagens ‚Nucleus emblematum selectissimorum' (Köln 1611; Kat. Nr. 2003), Johann Michael Dilherrs ‚Augen- und Hertzens-Lust, das ist Emblematische Fürstellung der Sonn- und Festtäglichen Evangelien' (Nürnberg 1661; Kat. Nr. 570), das ‚Speculum imaginum veritatis occultae' des Jacobus Masenius (Köln 1664; Kat. Nr. 1545) und weitere Emblembücher aus dem 17. Jh. (Kat. Nr. 624f.).

Das hier nachgedruckte TM, welches nur in wenigen Exemplaren erhalten ist, wurde meines Wissens nach der Skizze von Radics' in seiner Valvasor-Monographie aus dem Jahr 1910 in neuerer Zeit zum ersten Mal in einem Katalog zu einer Totentanz-Ausstellung im Jahr 2000 gewürdigt. Darin charakterisierte Ulrike Wunderlich das Werk mit folgenden Worten:
Das „*Theatrum mortis humanae* oder *Schau=Bühne deß menschlichen Todts* [...] besteht aus drei Teilen mit einem gemeinsamen Frontispiz und 120 Kupferstichen von Andreas Trost nach Vorzeichnungen von Johann Koch. Der erste Band [...] enthält neben dem Zensurvermerk eine Widmung an den Abt des Klosters St. Paul im Lavanttal, ein Akrostichon auf ‚homo' und ‚mors', eine Vorrede, die beinahe wörtlich aus der *Großen Todten-Bruderschafft* von Abraham a Sancta Clara abgeschrieben ist,[18] sowie Dialogverse in lateinischer und deutscher Sprache. Die Illustrationen zum Totentanz entsprechen – bis auf ein Motiv – den Kölner Holbein-Ausgaben mit 53 Holzschnitten von Arnold Nikolai. Die Reihenfolge weicht allerdings deutlich von der Vorlage ab: Der Zyklus beginnt mit den männlichen und weiblichen Vertretern der Geistlichkeit. Der Kardinal sitzt wie bei Aldegrever in einem geschlossenen Raum. Die Nonne ist ohne Liebhaber in ihrer Zelle dargestellt. Erst danach kommen die weltlichen, ebenfalls nach Geschlechtern getrennten Ständevertreter. Die Kindergruppen wurden jeweils um ein Skelett ergänzt. Eine entfernt an de Neckers Holbeinkopie erinnernde Kreuzigung, das Beinhaus, das Weltgericht und das Wappen des Todes schließen die Folge ab. Jedes Bild ist von einer prächtigen Bordüre aus einzelnen Blumen, Muscheln oder Vögeln umgeben. Die Gestaltung erinnert an illuminierte Handschriften des

---

[18] Valvasor hat freilich nur den vorletzten Absatz größtenteils wörtlich aus der ‚Grossen Todten-Bruderschafft' Abrahams a Sancta Clara abgeschrieben und vom letzten Absatz nur einige wenige Wörter; s.u. Anm. 27.

ausgehenden Mittelalters,[19] könnte aber ebenso gut eine Weiterentwicklung der Randleisten zu Kiesers Frankfurter Holbeinkopien sein. Im zweiten Band *Varia genera Mortis* werden dem Leser Todesarten, meist Hinrichtungen, von historischen Personen oder Figuren aus Sagen und Legenden vorgeführt. Der dritte Band *Poenas Damnatorum continens* handelt von den Höllenqualen der Verdammten und ist vergleichbaren Darstellungen des Mittelalters in punkto Drastik durchaus ebenbürtig. Die Dialoge zwischen dem Teufel und den Sündern im Höllenrachen stimmen inhaltlich und formal mit denen des ersten Teils überein. In Valvasors *Theatrum mortis humanae* wird der Totentanz im Jenseits fortgesetzt."[20]

Von den drei Teilen, die Valvasors *Theatrum* – die *Schau=Bühne* – des menschlichen Todes darstellt, handelt es sich nur beim ersten um einen Totentanz, wie es die deutsche Übersetzung *Todten=Tantz* als Wiedergabe seiner lateinischen Lehnübersetzung *Saltus Mortis* zeigt. Der zweite Teil präsentiert *Varia genera Mortis, Underschidliche Todts=Gattungen,* und der dritte Teil stellt *Der Verdambten Höllen=Peyn* vor Augen, *Pœnas Damnatorum continens.* Wie der barocke Werktitel *THEATRUM* und seine deutsche Übersetzungsgleichung *Schau=Bühne* zeigt, handelt es sich bei dem Werk um eine christliche Lehrdichtung; der Autor will mit ihr veranschaulichen, was er im Genetivattribut *MORTIS HUMANÆ* bzw. *Deß Menschlichen Todts* an das übergeordnete Substantiv *THEATRUM* anschließt. In dem Sinne versteht er sein Werk in allen drei Teilen als Memento mori. Dem Zweck dienen auch die Kupferstiche, auf die der lateinische und der deutsche Zusatz zum Buchtitel eigens hinweist: *FIGURIS ÆNEIS ILLUSTRATUM ‚Mit schoenen Kupffer=Stichen geziehrt'.*
In der Kombination von Bild und Wort, wie Valvasor es als Prinzip des Werks zu erkennen gibt, nutzt der Autor poetische Prinzipien des Emblems, mit dessen Poetik er auf seine Weise auch den Anspruch teilt, das (aristotelisch-) horazische *ut pictura poesis* (Ars poetica 361)

---

[19] Die Bordüren stehen wohl nicht zuletzt in der Tradition niederländischer Stundenbücher.
[20] Vgl. Uli Wunderlich, ‚Valvasors Totentanz'. In: „Ihr müßt alle nach meiner Pfeife tanzen." Totentänze vom 15. bis 20. Jahrhundert aus den Beständen der Herzog August Bibliothek Wolfenbüttel und der Bibliothek Otto Schäfer Schweinfurt. [...]. Hrsg. von Winfried Frey und Hartmut Freytag (Ausstellungskataloge der Herzog August Bibliothek 77), Wiesbaden 2000, S. 174-176.

durch das Miteinander von Bild und Wort zu verwirklichen. Über die rein äußerlich durch den Kupferstich gegebene Veranschaulichung des Gesagten hinaus kommt der Metapher des barocken Werktitels *THEATRUM* ‚Schau=Bühne' an sich schon die dem Leser und Betrachter präsentierte Lehre zum Ausdruck: In dem Sinne meint der Titel *THEATRUM MORTIS HUMANÆ*, daß der menschliche Tod im Buch auf die Weise vergegenwärtigt wird, daß das Vor-Augen-Geführte über sich selbst hinausweist. So gleicht die barocke *Schau=Bühne* der christlich-hermeneutischen Allegorie: Diese erschließt dem Menschen die innere Bedeutung der äußeren Dinge der Welt; damit führt sie ihm beim Thema Tod – angesichts des Memento mori – seine Aufgabe im irdischen Exil vor Augen, ins Paradies als seine vorbestimmte Heimat heimzukehren und so dem ewigen Tod der Verdammnis zu entrinnen.

Dem Titelblatt voraus geht das Titelkupfer, eine an den Trionfo della morte erinnernde Komposition mit zahlreichen Attributen des Todes, wie z.b. Stundenglas und Sense, Schädeln und Gebein sowie zwei Totengräbern im Vordergrund, auf deren beide Gruben der triumphierende Tod Adam und Eva als das erste Menschenpaar zutreibt. Eine Vorlage für das Titelkupfer ist nicht bekannt.[21] Die unter den Stich gesetzte lateinische Textzeile verzeichnet die am Werk Beteiligten: Die Idee hierzu hatte Valvasor, der es auch hat drucken lassen, Johann Koch[22] hat die Illustrationen gezeichnet und Andreas Trost[23] die Kupfer gestochen – für alle gemeinsam steht ein Ort: Schloß Wagensberg in Krain.

Auf der dem Titelblatt folgenden, nicht numerierten recto-Seite ist die auf den 6. April 1682 zu Laibach datierte, vorbehaltlich der Zustimmung des bischöflichen Imprimatur gegebene lateinische Versicherung des Franziskanerlektors Pater Antonius Lazari zu lesen, daß das Werk dem wahren christlichen Glauben sowie den guten Sitten nicht zuwiderläuft. Die zugehörige Verso-Seite zitiert das bereits am 7. April 1682 ebenfalls zu Laibach erteilte, mit *Approbatio* überschriebene lateinische Imprimatur des bischöflichen Generalvikars Franz Joseph Garzaroll von Garzarolshoffen.

---

[21] Zum Motiv vgl. Friedrich-Wilhelm Wentzlaff-Eggebert, Der triumphierende und der besiegte Tod in der Wort- und Bildkunst des Barock, Berlin/ New York 1975.
[22] Zu Leben und Werk des Johann Koch vgl. Fr. Stelè, Artikel ‚Koch, Johann'. In: Thieme/ Becker [Anm. 7], Bd. 21, Leipzig 1927, S. 78.
[23] Zu Leben und Werk des Andreas Trost vgl. E. Andorfer, Artikel ‚Trost, Andreas'. In: Thieme/ Becker [Anm. 7], Bd. 33, Leipzig 1939, S. 432f.

Das darauf folgende Blatt enthält die auf den 24. April 1682 in Wagensberg datierte lateinische Widmungsadresse Valvasors an Albert Reichart, Abt des Benediktinerstifts Sankt Paul im Lavanttal.[24] Hierin erklärt der Autor, die Glückseligen hätten Anteil am Baum des Lebens des gekreuzigten Heilands Jesus Christus (*Arbori Vitae Crucifixi Salvatoris Jesu complantati*). Um den Söhnen der Welt die Begleitumstände des Todes nahezubringen, habe der Tod diesen Aufzug inszeniert (*Mors* [...] *orchestram hanc instruxit*), in dem die Menschen Zuschauer ihrer selbst würden (*suimet ipsorum Spectatores existunt*), damit sie durch die Wirkung auf ihre Affekte zu sich selbst und zu Gott zurückkehrten und nicht in Ewigkeit vom Himmel abirrten ([...] *in se & ad Deum revertantur, ne* [ergänze *in*] *æternum toto cælo aberrent*).

Eine weitere Ansprache richtet der Autor *An den Leser* (S. A1r - A2r), dem er im ersten Absatz erklärt, sein *Wercklein* enthalte *kein Weltliche Ergœtzlichkeit/ noch Annemblichkeit*, da sich in ihm nichts anderes befinde *als aller Erdwohner letzter Feind der dürrgerippte Sensenmann: welcher seinen Vrsprung (seyt dem von vnseren Ertz-Elteren in dem Iridischen* [sic] *Paradeyß: die beede Sæulen Menschlicher Glicks-Vollkommenheit/ die Seeligkeit vnd Vntœdtligkeit/ durch den sündlichen Hoffarts-Traum verschertzet worden) genommen allen Menschen zu einer allgemeiner Müheseligkeit/ drumb sagt der H. Joh. Apoc. Cap. 8. Væ, væ, væ habitantibus in terra*. Hiermit weist der Autor seinen Leser sogleich auf die Voraussetzungen für den Tod und den Verlust der Glückseligkeit und Unsterblichkeit: die Ursünde der superbia Adams und Evas, die ihre Vertreibung aus dem Paradies und seitdem für alle Menschen die Mühsal des Lebens auf Erden zur Folge hatte.

Nachdem der Autor im zweiten Absatz seine Apostrophe an den Tod durch die Autorität der Bibel bekräftigt hat – *O mors quam amara est memoria tua homini. Eccles. Cap. 41. O Todt wie bitter ist dein Gedæchtnus einem Menschen –* , vergleicht er nun in einer Apostrophe an den sterblichen Leser *dises rund der Welt/ sambt dem Mensch-*

---

[24] Abt Albert Reichart und Valvasor waren einander während der Entstehung des TM verbunden, wie die 1681 von Valvasor publizierten, in Kupfer gestochenen Ansichten des Klosters St. Paul bezeugen, die nach Reicharts Angaben „zu einem Idealplan ergänzt worden waren [...], der den Typus des spanischen Escorial mit vier mächtigen Ecktürmen in einem kleinen Torturm über dem eigentlichen Klostereingang aufnimmt" (Landesausstellung St. Paul 1991. 900 Jahre Benediktinerstift. Hrsg. vom Ausstellungskuratorium. [...]. Schriftleitung: Johannes Grabmayer/ Günther Hödl, Klagenfurt 1991, S. 236).

*lichen Leben/ in seiner Beschaffenheit gar füglich mit einer Schaubühne oder Theatro [...]/ auff welchen du gewiß wirst auch eine Person agiren/ vnd ich selbsten vertretten werde.* Daran schließt der Autor den der *Schau-Bühne* vergleichbaren Charakter seines Werkes an: *Als im ersten Theil dises Theatri mortis humanæ: der Toden-Tantz genannt/ werden vor deine Augen vnangenemme Tæglich springende Tæntz aller Erden-Kinder vorgestellet.* Den totentanztypischen Gedanken, der Tod nehme niemanden aus, belegt er darauf mit dem Bibelzitat: *cuncta in quibus spiraculum vitæ est, mortua sunt. Gen. Cap. 7,* „jedes Wesen, in dem ein Lebenshauch vorhanden ist, ist sterblich.'

Für den zweiten Teil seines Werks verspricht der Autor *vnterschiedliche Gattungen deß Todts* und versichert seinem Leser *wirst mit Verwunderung eine wunderliche doch tæglich übende Comœdi aller sterblichen Menschen sehen.* Dabei warnt er ihn mit dem Bibelwort *Nescit homo finem suum Eccl. Cap. 9. Auch weiß der Mensch sein Ende nit.* Für den dritten Teil des Werks stellt er *Hœllen-Peyn* in Aussicht und erklärt seinem Leser *wirst mit weinenden Augen eine Schwefel-dampfende Tragœdi aller von Gott veriagten vnwirdigen Menschen sehen.* Hierzu zitiert er das Bibelwort *Injusti autem disperibunt simul. Psal. 36. Die vngerechten aber werden vertilget mit einander.*

Abschließend führt der Autor seinem Leser predigthaft mahnend die Elemente, aus denen der Mikrokosmos Mensch geschaffen ist, als Signaturen seiner Vergänglichkeit vor Augen: *schaue den Lufft an/ dort ist der Nebel/ so bald halt/ bald fallt/ ein <u>Contrafet</u> deines Lebens: schaue das Wasser an/ dort seynd die Blasen/ welche bald stehen/ bald vergehen/ ein <u>Ebenbild</u> deines Lebens: schaue das Feuer an; dort ist der auffsteigende Rauch/ welcher bald satt/ bald matt/ ein <u>Copey</u> deines Lebens: schaue die Erden an/ dort ist die Rosen/ welche bald roth/ bald todt/ ein <u>Abriß</u> deines Lebens.*[25] Endlich versichert er seinen Leser der Gewißheit des Todes und fordert ihn auf: *frag vnsere erste Eltern von Gott selbst erschaffene Adam vnd Eva* und hiernach *den erstlich verraisten Abel/ welcher vns allen den Weeg der Sterblichkeit gewisen* und endlich andere Beispielfiguren aus dem Alten

---

[25] Die Unterstreichungen im Zitat stammen von Hartmut Freytag. - Zur Lehre von den Signaturen vgl. Friedrich Ohly, Zur Signaturenlehre der frühen Neuzeit. Bemerkungen zur mittelalterlichen Vorgeschichte und zur Eigenart einer epochalen Denkform in Wissenschaft, Literatur und Kunst. Aus dem Nachlaß hrsg. von Uwe Ruberg und Dietmar Peil, Stuttgart und Leipzig 1999, hier vor allem S. 15-17.

Testament: *den alten Mathusalem, den schœnen Absalon, den stærckisten Samson.* Von diesen und *allen andern Adams-Kindern* sei *nichts anderst in disem Jammerthall übergeblieben als ein FUIT.* Der Passus geht zumal im ersten Teil fast durchweg auf Abrahams a Sancta Clara ‚Grosse Todten-Bruderschafft' zurück,[26] die ein Jahr vor dem TM erschien.[27] Valvasor hat das Werk besessen, und noch heute gehört es zu den Beständen der Bibliotheca Valvasoriana.[28] Der Ansprache an den Leser folgt ein Widmungsgedicht an den Autor mit 15 lateinischen Distichen (A2v - A3r), in dem der kroatische Humanist Paul von Ritter (Vitezovic) aus der Stadt Zengg über den Tod handelt und Valvasors Werk rühmt. Hiernach folgen auf Seite A3r vier lateinische Distichen in Form eines kunstreichen Carmen concordans, dessen Eigenart es ist, daß die zwischen die Zeilen gesetzten Buchstaben sowohl vom vorausgehenden als auch vom nächstfolgenden Vers aus zu lesen sind.[29] Der barocke rhetorische Schmuck des Gedichts wird noch dadurch gesteigert, daß die hervorgerückten Initialen der Hexameter und die diesen gegenüber eingerückten Initialen der Pentameter in ihren acht Versen akrostichisch die Sinnworte *HOMO MORS* hervorheben, von denen sowohl das Carmen concordans als auch das gesamte Werk handelt.

Gleichfalls barocker Manier verpflichtet ist das den Text von Seite A3r abschließende lateinische Distichon: ein Chronogramm, welches

---

[26] S.o. in Höhe von Anm. 18.
[27] vgl. TM (S. A2r, Zeile 1-12) und Abraham a Sancta Clara, Grosse Todten-Bruderschafft/ Das ist: Ein kurtzer Entwurff Deß Sterblichen Lebens/ [...]. Wien: Peter Paul Vivian 1681, S. 6, Zeile 4 von unten - S. 7, Zeile 8, sowie S. 7, Zeile 6-5 von unten: *Ein elender Tropff bist du/ Mensch/ absonderlich wegen deines Lebens/ welches sich so grosser Beständigkeit zu rühmen hat/ wie der Butter an der Sonnen: schawe den Lufft an/ dort ist der Nebel/ so bald halt/ bald fallt/ ein Contrafet deines Lebens: Schaue das Wasser an/ dort seynd die Blasen/ welche bald stehen/ bald vergehen/ ein Ebenbild deines Lebens: Schaue das Fewer an/ dort ist der aufsteigende Rauch/ welcher bald satt/ bald matt/ ein Copey deines Lebens: schau die Erden an/ dort ist die Rosen/ welche bald roth/ bald todt/ ein Abriß deines Lebens. Sterben ist dir gewiß/ frag den Adam [...] ist nichts übrig von ihnen/ als FUIT, er ist gewesen.*
[28] vgl. Katalog (Anm. 15), Nr. 11.
[29] Zum carmen concordans vgl. Ulrich Ernst, Neulateinisches Figurengedicht und manieristische Poetik. Zum ‚Poematum Liber' (1573) des Richard Willis. In: Manier und Manierismus. Hrsg. von Wolfgang Braungart (Untersuchungen zur deutschen Literaturgeschichte 106), Tübingen 2000, S. 275-306, hier S. 281.

auf das – vom Erscheinungsjahr des gesamten Werks (1682) um zwei
Jahre abweichende – Entstehungsjahr 1680 hinweist:
QVæLIbet aD saLtVs VenIVnt VitaLIa MortIs.
SaLtabIs genItVs se DVCe qVIsqVIs hVMI.[30]
Der Text des Chronogramms enthält über sein Entstehungsjahr hinaus
in nuce die Aussage des Gesamtwerks: ‚Alles, was sterblich ist,
kommt zum Tanz des Todes./ Tanzen wirst du, wer immer du bist,
unter seiner Führung auf Erden.'
Die darauf folgende Doppelseite (A3v - A4r) enthält einen lateinischen Dialog zwischen dem im Unterschied zum eigentlichen Totentanz noch nicht ständisch bestimmten Menschen (Homo) und dem
Tod (Mors), der wieder akrostichisch gebaut ist. Dieses Mal markiert
das Akrostichon des aus zwei Distichen bestehenden strophischen
Gebildes den jeweiligen Dialogpartner. Der Dialog besteht aus insgesamt sechs Strophenpaaren. Ihn eröffnet der Mensch, das letzte Wort
hat der Tod, der abschließend das Motiv des Trionfo della morte aufgreift und den Menschen auffordert, ihm schnell in den Tanz zu folgen:
Magna triumphales ergo conscendere currus
    Orbe vehi victrix [...]
Saltus inque meos, accelerate pedes.
Die darauf folgenden zwei Doppelseiten (A4v - B2r [ab S. B1r = S. 9
wird die Seitenzahl auch fortlaufend in arabischen Ziffern vermerkt])
geben in deutscher Sprache einen dem lateinischen Text ähnlichen
Dialog zwischen Mensch und Tod in gleichfalls sechs Strophenpaaren
wieder. Ihn eröffnet der Mensch mit der augustinischen Lehre, seine
Seele sei ein Abbild der Trinität und sein Äußeres *Contrafet/ Seins
Schœpffers*.[31] Der Tod erwidert hierauf, der Mensch selbst habe seine
von der Schöpfung vorgesehene Vorrangstellung gegenüber den anderen Kreaturen dadurch eingebüßt, daß er Gottes Gebot gebrochen

---

[30] Die jeweils letzte verso-Seite am Schluß von Teil 1, 2 und 3 notiert das Jahr 1681; die gegenüberliegende Titelseite von Teil 2 vermerkt das Jahr 1681, die von Teil 3 das Jahr 1682.

[31] Zur Lehre von den drei Seelenkräften des Menschen als Abbild der göttlichen Trinität vgl. Hartmut Freytag, Kommentar zur frühmittelhochdeutschen Summa Theologiae (Medium Aevum. Philologische Studien 19), München 1970, S. 42-45 (zu Vers 11-20 der Summa Theologiae); vgl. hier besonders Abraham a Sancta Clara, Mercks Wienn 1680. Unter Mitarbeit von Franz M. Eybl hrsg. von Werner Welzig, Tübingen 1983, S. 286: [...] *die Seel/ dise schoene vnd scheinende Contrafee der Allerheiligsten Dreyfaltigkeit* –

habe. Wie im lateinischen Text verknüpft der Tod Motive des Trionfo della morte und des Totentanzes:

> Wohlan nun Welt/ der Todt hats Feld/
> Der Todt schertzt/ triumphieret:
> Weil Adam hat durch Missethat/
> Den Todt in d'Welt geführet.
> König/ vnd Knecht/ üebt er sein Recht/
> Der Todt als zwingt/ vnd fællet/
> Scepter vnd Pflueg/ nach allem Fueg/
> Er in dem Grab z'samb g'sellet.
> [...]
> Nun Music-Schall/ ihr Menschen all/
> Den Palmb-Zweig mir pflichtet/
> Vnd hurtig gantz/ zu meinem Dantz/
> Jetzt ewre Füß nur richtet.

Ab Seite B2v (= S. 12) präsentiert sich Teil 1 des TM fortlaufend in einem gleich gegliederten Schema von jeweils einer Doppelseite, die in der Kopfzeile verso die lebende Kolumne *Saltus mortis* und recto *Todten-Dantz* führt. Auf der verso-Seite folgt auf zumeist vier lateinische Distichen ein deutsches Gedicht von ebenso vielen kreuzweis gereimten Verspaaren; recto steht unter der lebenden Kolumne ein lateinisches Bibelzitat mitsamt Stellennachweis, das zusammen mit seinem unten auf der Seite befindlichen deutschen Pendant den in der Seitenmitte plazierten Kupferstich rahmt. Dieser Aufbau von Text und Bild gilt sowohl für den eigentlichen, durch den Dialog von Tod und Mensch bestimmten Totentanz (S. 18-113) als auch für die rahmenden Teile, die den Reigen im Umfang von jeweils drei Doppelseiten als Prolog und Epilog einfassen (S. 12-17 und S. 114-119).

Die Seiten 12-17 bilden die Eröffnung zum eigentlichen Totentanz. Hier lenkt der Autor in der Folge der Chronologie des Heils den Blick auf die Stationen Schöpfung und Sündenfall; als drittes inszeniert er einen Dialog zwischen Adam und Eva auf der einen und dem Tod auf der andern Seite.

Zur ersten Doppelseite (S. 12f.): Das zur Linken unter der lebenden Kolumne *Saltus mortis* plazierte lateinische Gedicht von vier Distichen ist *Creatio mundi et Adami, & c.*, das darunter gesetzte deutsche Gedicht *Erschaffung der Welt/ vnd deß Menschen* überschrieben. Rechts steht unter der lebenden Kolumne *Todten-Dantz* das lateinische Bibelwort *Formavit Dominus Deus hominem de limo terrae, ad imaginem suam creavit illum, masculum, & feminam creavit eos* (nach

Genesis 1,27 und 2,7), welches von seinem deutschen Wortlaut ein Kupferstich trennt, der die Erschaffung Evas durch Gottvater aus der Seitenwunde Adams darstellt. Zur zweiten Doppelseite (S. 14f.): Die Gedichte sind *Peccatum* bzw. *Die Sünd* überschrieben. Wechselseitig beschreiben bzw. illustrieren einander das Bibelzitat (Genesis 3,6: *Et tulit de fructu illius, & comedit: deditque viro suo, qui comedit.*) und der Kupferstich: Unter dem Paradiesesbaum, aus dem die Schlange auf sie herabsieht, reicht Eva sitzend dem zu ihrer Linken stehenden Adam den Apfel. Zur dritten Doppelseite (S. 16f.): Anstelle der beiden Gedichte ist nun unter der Überschrift *Adam, & Eva expelluntur* ein Dialog gesetzt. Einander folgend sprechen die beiden je ein lateinisches Distichon, worauf ihnen der Tod in zwei Disticha antwortet; dem entsprechen im Deutschen vonseiten der beiden ersten Menschen je vier kreuzweis gereimte Verse von vierhebigen Trochäen, die der Tod in acht gleich gebauten Versen erwidert. Das Bibelwort (Genesis 3,23: *Emisit eum Dominus DEUS de paradiso voluptatis*) bildet gleichsam die Überschrift zum Kupferstich: Er zeigt den Erzengel (Michael), der Adam und Eva aus dem Paradies weist. Ihnen voran eilt das Gerippe des Todes, der von nun an auf keinem der folgenden Totentanz-Kupfer fehlen wird.

Der Dialog zwischen den Stammeltern des Menschengeschlechts und dem Tod leitet über zum eigentlichen Totentanz. Dieser umfaßt als Tanz- und Dialogpartner des Todes insgesamt 48 Figuren, darunter gegen Ende auch zwei Figurenensembles und zuletzt Christus. Im einzelnen lassen sich die Figuren wohl in Gruppen untergliedern, die aber im ganzen gesehen zunehmend bunter gemischt scheinen. Zu unterscheiden sind nach dem Protoplastus Adam (1) die hierarchisch gereihten männlichen Vertreter des geistlichen Standes in der Folge Papst (2), Kardinal (3), Bischof (4), Abt (5), Domherr (6), Pfarrer (7), Prediger (8) und Mönch (9). Ihnen folgen mit der Äbtissin (10) und der Klosterfrau (11) zwei weibliche Vertreterinnen geistlichen Standes. Hinterdrein kommen mit Kaiser (12), König (13), Fürst [Herzog] (14), Graf (15), Ritter (16) und Edelmann (17) sechs männliche Personen der höheren Stände. Die hiernach folgenden, zum Teil ein wenig wahllos zusammengewürfelten Figuren sollen nicht weiter gruppenweise unterschieden, sondern undifferenziert nacheinander genannt werden: Soldat (18), Räuber (19), Richter (20), Senator (21), Advokat (22), Arzt (23), Astrologe (24), Der Reiche (25), Kaufmann (26), Krämer (27), Seemann (28), Fuhrmann (29), Bauer (30). In der Folge mögen Säufer (31), Spieler (32), Narr (33), Blinder (34), Bettler

(35) und Greis (36) zumal gegenüber der nächst genannten Kaiserin eine in sich geschlossene Gruppe von Menschentypen bilden, denen sich der eine Weile vorher plazierte Reiche (25) zuordnen ließe, während der Greis als Repräsentant eines Lebensalters eher zum später eingereihten Jüngling und Jungen [44f.] paßte. Die Kaiserin (37) bildet mit der Königin (38), Fürstin [Herzogin] (39), Gräfin (40) und Edelfrau (41) eine hierarchisch gestufte Sequenz weiblicher Figuren der höheren Stände, die – den Ritter verständlicherweise ausgenommen – der Reihe ihrer männlichen Pendants [12-15, 17] gleicht. Gegen Ende des Totentanzes bilden mit der alten Frau (42) und der Amme (43) zwei weibliche Figuren ein Paar, deren jede für sich auch zu dem darauf folgenden Paar männlicher Repräsentanten von Lebensaltern, Jüngling (44) und Junge (45), paßt; bei genauerem Hinsehen entpuppt sich die Figur der Amme jedoch als Paar von Amme und (unmündigem) Kind, wie sie der Kupferstich auch darstellt, wobei das Kind und nicht die Amme, welche die Überschrift ausweist, vom Tod in den Tanz gezogen wird. Im zugehörigen lateinischen Dialog ruft der Tod nur das Wickelkind in den Tanz, während er im deutschen Text zwar die Amme anredet, aber eben vom Kind spricht; ebenso tut es auch die Amme in ihren lateinischen und deutschen Versen.[32] Den Reigen der Sterbenden beschließen Figurengruppen, die *Bacchus* bzw. *Jugend* (46) und *Triumphantes* bzw. *Triumphierende* (47) überschrieben sind. Ohne daß er dem vorausgehenden Reigen mehr zugehörte, stellt der Crucifixus (48) den letzten Dialogpartner des Todes dar.

Die Seiten 114-119 bilden als Pendant zum Prolog auf ebenfalls drei Doppelseiten gleichsam den Epilog zum Totentanz und enthalten wie diese keinen Dialog, sondern wenden sich mit ihrem nachdrücklichen Memento mori unmittelbar an den sterblichen Leser. Auf der ersten Doppelseite mögen die *Ossa omnium hominum ‚Die Gebain aller Menschen'* (S. 114f.) – wie die lateinischen bzw. deutschen Verse überschrieben sind – die Dialogpartner des Todes sein, wie es im vorausgehenden eigentlichen Totentanz der Fall ist; auf den nächstfolgenden beiden Doppelseiten geben die Überschriften aber lediglich das Thema der Gedichte wieder: *Extremum iudicium ‚Das Jüngste Gericht'* (S. 116f.) und *Insignia mortis ‚Das Wappen des Todts'* (S. 118f.). Ein Dialog, wie er den Totentanz kennzeichnet, findet hier nicht mehr statt.

Wenn sich der Leser und Betrachter von Valvasors *Schau=Bühne deß menschlichen Todts* mit der einzelnen Figur des Totentanzes gleich-

---

[32] Verwandte Totentänze in der Folge Holbeins bezeichnen die Figur als *Daß Junge Kindt*; vgl. z.B. Holbein, Lyon 1549, Nr. oder S. 39.

sam identifiziert und im Laufe der Lektüre die Unausweichlichkeit des Todes für jedermann erfahren hat, so vergegenwärtigt ihm jetzt der Epilog in Kupfer, Vers und Bibelwort noch einmal eben dieses Fazit: Allen Menschen ist der Tod gemein. So sagen es die Gedichte *Ossa omnium hominum* sowie *Die Gebain aller Menschen*, und so sagt es das dazugehörige Bibelwort Genesis 7,22: *Cuncta in quibus spiraculum vitae est, in terra, mortua sunt ‚Alles das ein lebendige Seel hætte auff Erden/ ist gestorben'*; und so zeigt es der zwischen den Bibelworten plazierte Kupferstich mit seinem höllisch wirkenden Szenario eines Orchesters von Todesfiguren mit Blas- und Schlaginstrumenten (S. 114f.). Und daß niemand nach dem Tode dem Gericht des Weltenrichters entgeht, lehren die nächsten Gedichte *Extremum judicium* und *Das Jüngste Gericht*, deren lateinische Distichen wiederholt ins liturgische *nos* ‚wir' und zuletzt ins predigthaft paränetische *vos* ‚ihr' fallen, um der christlichen Leser-Gemeinde zuzurufen, sie möge wachsam sein und in großer Zahl beten, da ihr die Ankunft des Herrn und die Stunde des Todes verborgen sei. Das Bibelwort Rom 14,10: *Omnes stabimus ante tribunal CHRISTI* ‚Wir werden alle vor dem Richterstull Christi stehen' soll diese Wahrheit ebenso bezeugen, wie sie das Kupfer mit dem auf der Weltkugel und dem Regenbogen als Weltenrichter thronenden Christus zeigt, zu dessen Füßen sich die Menschen scharen und bittflehend ihre Hände erheben (S. 116f.). Das erste Buch des TM, *Saltus Mortis* bzw. *Todten=Tantz* genannt, endet mit dem Appell des eindringlichen Memento mori an den Leser. Dieses bezeugt der Kupferstich mit den verschiedenen Zeichen der Vergänglichkeit, und dieses lehren die deutschen Verse zur Überschrift *Die Wappen deß Todts* und zumal die lateinischen Disticha zum Titel *Insignia mortis*. Sie versprechen dem, der sich das Lebensende vor Augen hält, sich die Höllenpein der Verdammten vergegenwärtigt und die Worte des Weltenrichters bedenkt, zu guter letzt die Freuden des Himmelreichs zu schauen und von Sünde frei zu sein – wie es der Refrain des Pentameters (*Omni criminibus tempore liber eris*) als gewiß versichert und das Bibelwort es verheißt: *Memorare novissima, & in aeternum non peccabis. ‚Gedenck der letzten Ding/ so wirst du nimmermehr sündigen,'* Ecclesiasticus 7,40 (S. 118f.).

Daß Valvasor den Reigen der Sterblichen und ihren Dialog mit dem Tod mit Adam eröffnet (S. 18f.) und diesen noch vor dem Papst plaziert, läßt sich dadurch erklären, daß sich der Tod von ihm herleitet. Denn mit Adam beginnt das Leben (und Sterben) des Menschengeschlechts nach dem durch ihn ausgelösten Verlust des Paradieses, das durch die Gnade der Erlösung nach dem Jüngsten Gericht in Ewigkeit wiederzugewinnen, das Ziel des irdischen Lebens ist. Daran erinnert der Totentanz als ein Typus von Memento mori-Dichtungen, der den heilsgeschichtlichen Bogen von der Schöpfung des Menschen in Adam, seiner Versündigung, Verfluchung und Ausweisung aus dem Paradies über Christi Erlösungstod, das Jüngste Gericht und die Heimkehr des Menschen in seine ererbte Heimat spannt. So vergegenwärtigt der Totentanz dem Leser und Betrachter nachhaltig, daß es hier um sein persönliches Heil geht, an dem er selbst durch die Beherzigung des Appells an das Memento mori teilhat.

Der Crucifixus, der durch seinen Erlösungstod die Allmacht des Todes über den Menschen gebrochen hat, gehört indes nur scheinbar als seine letzte Figur noch zum Totenreigen; denn im Unterschied zu den Figuren, die ihm vorangehen, stellt ihm der Kupferstich nicht den Tod zur Seite. Im Aufbau gleichen Bild und Text jedoch auch hier (S. 112f.) dem eigentlichen Totentanz und nicht seinem Pro- und Epilog; denn die linke Seite mit den je zwei deutschen und lateinischen Strophen erweckt wie die vorausgehenden Verso-Seiten des Totentanzes den Anschein, wie wenn sie dialogisch konzipiert sind. Christus und der Tod richten ihr Wort aber keinesfalls im Dialog zueinander, sondern sie sprechen beide mit *Aspice* bzw. *Schau* unmittelbar den Leser an. Wie ein Andachtsbild regt der Kupferstich den Betrachter an, sich der Kontemplation hinzugeben. Dabei fordert sowohl Christus als auch der Tod als Sprecher den Leser auf, sich meditierend in den Opfertod des Gottessohnes zu versenken.

Auch wenn das TM als ganzes nicht als Totentanz zu verstehen ist, seinen ersten Teil hat Valvasor als solchen gekennzeichnet. Das zeigt sowohl der lateinische Titel *Saltus Mortis* als auch sein deutsches Pendant *Der Toden-Tantz*, und ebenso lassen es die am Kopfende der Seiten 12-119 plazierten gleichlautenden lebenden Kolumnen erkennen. Darüber hinaus wird die Vorstellung des Tanzes dem Leser sowohl der Eingangskapitel als auch der Dialogfolge immer von neuem in Erinnerung gerufen, und zwar durch dasselbe Vokabular sowie u.a. durch Synonyma des Wortes ‚Totentanz', wie *chorea, novae choreae* und *andre Rey*.[33] Im Unterschied hierzu erinnern die Kupferstiche

---

[33] Vgl. z.B. die Widmung an Abt Albert von St. Paul im Lavanttal, verso-Seite; an den Leser, S. A1v; Widmungsgedicht des Paul von Ritter, S. A2v; Chronogramm, S. A3r; Dialogus inter hominem et mortem, S. A4r; Gespräch zwischen dem Menschen vnd Todt, S. B2r; ferner im eigentlichen Totentanz S. 22 (Tod zum Kardinal), 24 (Tod zum Bischof), 26 (Tod zum Abt), 28 (Tod

nicht an einen Tanz von Tod und Sterbendem. Hierin unterscheiden sich die frühen monumentalen Totentänze von den späteren Darstellungen und von den Buch-Totentänzen.

Im Unterschied zum ersten Teil des TM, dessen Kupferstiche sich aufs engste an Holbein anlehnen, ist für die Kupfer von Buch 2 und 3 (wohl) keine Quelle bekannt. Vielleicht gehen die Stiche dieser beiden Teile auf Valvasor selbst, gewiß aber auf seinen Zeichner Johann Koch zurück, wie es die Kürzel *Jos. Koch. del.* sehr oft kennzeichnet; mitunter lassen die Stiche auch (zusätzlich) das Monogramm ihres Stechers Andreas Trost erkennen: die von dem waagerechten *T*-Strich überschriebene Initiale *A*.[34] Der Aufbau von Buch 2 und 3 entspricht im (lateinischen und deutschen) Text sowie auch im Bild (mitsamt dem Tier- und Pflanzenornament der Bordüre) ganz und gar dem von Buch 1.

Der zweite Teil des TM verspricht *Varia genera Mortis, Underschidliche Todts=Gattungen* (Titelseite; S. 121-191). Einen natürlichen Tod oder einen Tod infolge von Krankheit, wie ihn der neutrale Titel hätte einbeziehen können, sucht man hier aber vergebens. Valvasor konfrontiert den Leser vielmehr mit einem Reigen von 35 verschiedenen, ausschließlich gewaltsamen Todesarten, die er am Beispiel (oft sagenhafter) literarischer und historischer Personen aus der Überlieferung der griechischen und römischen Antike, aber auch aus deutschem sowie kroatischem und dalmatinischem Legenden- und Sagenschatz illustriert. Hierzu zählen z.B. Aischylos, von dem es heißt, ein Adler habe ihm eine Schildkröte auf den kahlen Schädel fallen lassen, da er diesen für einen Felsen erachtet habe;[35] Kleopatra, Seneca, Bischof Hatto von Bingen, eine Braut aus Sachsenhausen, deren Gefährt auf dem Weg zum Bräutigam zerbricht und diese erdrückt, ein Schnitter,

---

zum Domherrn), 36 (Tod zur Äbtissin), 68 (Tod zum Kaufmann), 76 (Tod zum Bauern), 82 (Tod zum Narren), 88 (Tod zum Bettler), 90 (Tod zur Kaiserin; Kaiserin), 92 (Tod zur Königin; Königin), 90 (Tod zur Edelfrau; Edelfrau), 106 (Tod zum unmündigen Kind).

[34] Vgl. z.B. S. 165, 175,177, 195,199,203, 205, 209, 211, 215, 227, 231, 233, 241, 247, 249, 253; S. 239 folgen auf die ineinandergeschriebenen Initialen die weiteren Buchstaben des Nachnamens (*rost*).

[35] Zu dieser Erfüllung eines Orakels vgl. Erwin Rohde, Der Tod des Aischylos. In: Jahrbücher für classische Philologie 26 (1880), S. 22-24 [= Neue Jahrbücher für Philologie und Pädagogik 50, Bd. 121, S. 22-24]; Albrecht Dieterich, Artikel ‚Aischylos'. In: Pauly's Realencyclopädie der classischen Altertumswissenschaft, 2. Auflage, hrsg. von Georg Wissowa, Bd. 1, Stuttgart 1893, Sp. 1065-84, hier Sp. 1068f.

den wegen seines Abendmahlsfrevels ein Blitz erschlägt, der Mörder Jacob Voynitsh aus Kroatien, der über dem Feuer an einem Spieß gebraten wird, ein Junge aus Zengg in Dalmatien, den eine Giftschlange tötet.[36] Der dritte Teil des TM stellt *Varia tormenta Damnatorum, Vnterschiedliche Höllen=Peyn der Verdambten* vor Augen (S. 193-256). Die Kupfer zeigen, wie der Teufel – halb als Mensch und halb als Tier gestaltet – zumeist im Flammenmeer der Hölle seines Amtes waltet. Im Dialog übernimmt hier der Leibhaftige den Part, der in Teil 1 dem Tod zukommt, sein Gesprächspartner ist der jeweilige Verdammte, an dem die Strafe für seine Sünde vollstreckt wird, wie die pictura sie veranschaulicht. Folgende 31 Sünder (bzw. Sünden) werden in Text und Bild auf ebenso vielen Kupfern und Doppelseiten nacheinander in ihrer Höllenpein dargestellt: *Die Hex, der Flucher, Der keinen Feyrtag nicht geheiliget, Der Vngehorsamb, Todtschläger, Ehebrecher, Dieb, Der falsche Zeug, Der andere Weiber verlangt, Der mit dem seinigen nicht zufriden, Der Hoffärtige, Der Geitzige, Der Prasser, Der Vnkeusche, Der Neidige, Der Zornige, Der Träghe, Der Vnbarmhertzig, Der Verzweifflende, Der Wucherer, Der Veräther, Der Betrieger, Der Rachgirige, Der Spiller, Der Vndanckbare, Vntreuer, Ärgernuß, Der Lugner, Ehrabschneider, Der Eyffersüchtige, Das böse Gewissen.*[37]

Teil 2 und 3 lassen – weit mehr noch als der zwar durch Vorgaben von Holbeins Totentanz in Stände, Gruppen und Typen aufgeteilte, aber nicht gerade planmäßig gegliederte Teil 1 – in Auswahl und Zusammenstellung schwerlich eine Systematik erkennen. Es sei denn, diese ergibt sich daraus, daß alle drei Teile des Werkes der Intention des Autors entsprechen: sein Publikum unter dem Eindruck der Visionen vom schrecklichen Ende eines jeden Sünders auf den Pfad der Tugend und zum ewigen Leben in Gott zu geleiten. – Teil 2 (*Varia genera Mortis, Underschidliche Todts=Gattungen*) und Teil 3 des TM (*Varia tormenta Damnatorum, Vnterschiedliche Höllen=Peyn der Verdambten*) weisen jedoch gewisse Anknüpfungspunkte an das traditionelle Schema der ‚Vier Letzten Dinge', der quattuor novissima, auf, zu denen der Tod, das Jüngste Gericht, die Hölle und die ewige Freude der Erwählten gehören.[38]

---

[36] Einige der Exempla zitiert und erläutert von Radics, Johann Weikhard Freiherr von Valvasor [Anm. 3], S. 177-182.
[37] Einige der Exempla zitiert und erläutert von Radics, ebd., S. 182-184.
[38] Zu den ‚Vier Letzten Dingen' vgl. Ferdinand van Ingen, Vanitas und memento mori in der deutschen Barocklyrik, Groningen 1966, S. 102-115; Gün-

In der Geschichte der Totentänze fällt das TM dadurch auf, daß es seinen Totentanz in Buch 1 mit verschiedenen drastischen Todesarten als der Materie von Buch 2 sowie den Höllenqualen als dem Thema von Buch 3 in einem Werk miteinander kombiniert. Als Mischtypus erscheint das TM, insoweit es als Totentanz figuriert, aber auch noch aus einem ganz andern Grund, nämlich infolge seiner konsequenten Zweisprachigkeit. Durch dieses Mittel schließt das Werk einerseits, dem traditionellen Genre verhaftet, niemanden von seinem Verständnis aus, sondern richtet sich vielmehr an jedermann. Andererseits wertet es den ursprünglich volkssprachigen Totentanz durch das Idiom der Gebildeten literarisch auf. Letzteres hatte die eine oder andere, ausschließlich in lateinischer Sprache erschienene Buchausgabe von Totentänzen mit Zeichnungen Holbeins bereits mehr als hundert Jahre zuvor erprobt und so das Werk auch einem humanistischen Adressatenkreis empfohlen.

Hartmut Freytag

---

ter Ott, Die ‚Vier letzten Dinge' in der Lyrik des Andreas Gryphius. Untersuchungen zur Todesauffassung des Dichters und zur Tradition des eschatologischen Zyklus', Frankfurt am Main, Bern, New York 1985, bes. S. 17, 19, 183; Hans-Henrik Krummacher, ‚De quatuor novissimis'. Über ein traditionelles Thema bei Andreas Gryphius. In: Respublica Guelpherbytana. Wolfenbütteler Beiträge zur Renaissance- und Barockforschung. Festschrift für Paul Raabe, hrsg. von August Buck und Martin Bircher (Chloe. Beihefte zum Daphnis 6), Amsterdam 1987, S. 499-577, bes. S. 501-503, 517, 522-524, 563, 570, 576.